JOYCE MEYER

Se Não Fosse pela
Graça *de* Deus

Aprenda a viver independente das frustrações e lutas

JOYCE MEYER

Se Não Fosse pela
Graça *de* Deus

Aprenda a viver independente das frustrações e lutas

1ª Edição

Edição publicada mediante acordo com FaithWords, New York, New York. Todos os direitos reservados.

Diretor
Lester Bello

Autora
Joyce Meyer

Título Original
If not for the Grace of God

Tradução
Serlene Passos

Revisão
Tucha

Design capa (Adaptação)
Fernando Duarte

Impressão e Acabamento
Promove Artes Gráficas

Rua Vera Lúcia Pereira, 122
Goiania - CEP 31.950-060
Belo Horizonte/MG - Brasil
contato@bellopublicacoes.com.br
www.bellopublicacoes.com.br

© 1995 Joyce Meyer
Copyright desta edição: FaithWords

Publicado pela Bello Com. e Repres. Ltda. com devida autorização de FaithWords, New York, New York.

Todos os direitos autorais desta obra estão reservados.

1ª Edição - Agosto 2005
Reimpressão - Abril 2017

M612 Meyer, Joyce
Se não fosse pela graça de Deus: Aprenda a viver independente das frustrações e lutas / Joyce Meyer; tradução de Serlene Passos.
Belo Horizonte: Bello Publicações, 2017.

204 p.
Título original: If not for the Grace of God
ISBN: 978.85.61721.25-1

1. Graça de Deus.
I. Título.

CDD: 212.1   CDU: 231.11

Sumário

Introdução 7
1 – Graça, graça e mais graça 11
2 – O poder da graça 43
3 – Libertação da preocupação e do questionamento 73
4 – Favor sobrenatural 101
5 – Uma atitude de gratidão 135
6 – Vivendo uma vida santa pela graça 167
Conclusão 197
Sobre a Autora 199

A maioria das citações bíblicas, no original, é da Amplified Bible, versão ainda não traduzida para o português. Nesta tradução, portanto, optamos por utilizar a versão Almeida Revista e Atualizada (SBB 1997),compatibilizada com o texto da versão King James. Os textos entre [ ] são traduções da Amplified Bible.[1]

---

[1] Nota da tradutora

Introdução

Nestas páginas dividirei com você algumas afirmações dinâmicas sobre a graça. Graça é o poder de Deus disponível para satisfazer nossas necessidades sem qualquer custo para nós. É recebida muito mais pelo crer do que pelo esforço humano.

Acredito, sinceramente, que se você tomar estas declarações e sobre elas meditar, elas vão literalmente mudar sua vida com o Senhor.

Nos últimos anos temos tido muito ensino sobre a fé: o que é, o que não é e como operar em fé. A despeito disso, para ser bastante honesta, não sei com certeza quantos crentes realmente entendem a fé. Se realmente entendêssemos tanto de fé como dizemos entender, estaríamos vendo muito mais vitórias em nossa vida diária.

O conhecimento sobre a fé deve ser construído sobre uma clara compreensão da graça. Uma das coisas que compartilharei com você nestas páginas é uma profecia, uma palavra que recebi do Senhor, na qual ele define graça e descreve sua abrangência e em função na vida do crente.

Na verdade, a graça de Deus não é complicada ou confusa. É simples, e essa é a razão por que tantas pessoas deixam de recebê-la. Não há nada mais poderoso que a graça. De fato, tudo na Bíblia – a salvação, a plenitude do Espírito Santo, a comunhão com Deus e toda vitória em nossas vidas diárias – está fundamentados nela.

Sem graça nada somos, nada temos, nada podemos. Não fora pela graça de Deus, seríamos miseráveis e sem esperança.

Em Lucas 2.40 nos é dito que, quando criança, Jesus... *crescia e se fortalecia, enchendo-se de sabedoria; e a graça de Deus estava sobre ele.*

Esse verso contém tudo de que precisamos para ser felizes, saudáveis, prósperos e bem-sucedidos em nossa caminhada cristã. Freqüentemente falamos sobre tudo de que precisamos, mas, na realidade, há apenas uma coisa de que precisamos e da qual Jesus precisava: nos tornar fortes no espírito, cheios da sabedoria de Deus e ter sua graça sobre nós.

Se permitirmos que a graça de Deus tenha completo domínio em nossa vida, nada nos será impossível.

Sem essa graça, nada nos é possível.

Como Paulo escreveu aos crentes do seu tempo, tudo que somos e fazemos e temos é pela graça de Deus. Eu e você somos cem por cento impotentes. Embora confessemos como Paulo "Tudo posso em Cristo que me fortalece", isso é verdade apenas pela graça de Deus.

Em Efésios 2.10, Paulo nos diz que *somos feitura dele, criados em Cristo Jesus para boas obras, as quais Deus de antemão preparou para que andássemos nelas.* O escritor dos Hebreus nos diz que nossas boas obras foram preparadas para nós por Deus... *desde a fundação do mundo.* (Hebreus 4.3.) De acordo com esses versos, Deus nos escolheu e preparou o trabalho da nossa vida para nós antes mesmo que nascêssemos, antes mesmo que o mundo fosse criado. Por essa razão, devemos parar de falar sobre "nosso" ministério, como se isso fosse alguma coisa que abraçamos por nossa própria iniciativa ou desenvolvemos pela nossa própria habilidade. Em João 15.5, Jesus disse: *...sem mim (separados de uma união vital comigo) nada podeis fazer.*

Em vez de nos gabarmos de nossa grande força, ou conhecimento, ou poder, ou conquistas, deveríamos começar cada dia dizendo: "Aqui estou, Senhor, pronto para qualquer coisa que tenhas para eu fazer. Eu me esvazio, à medida que sei fazer, para permitir que tua graça flua na minha vida, tornando-me capaz de fazer tudo aquilo que desejas para mim. Lanço-me inteiramente sobre ti. Posso ser apenas aquilo que me permites ser, posso ter apenas aquilo que desejas que eu tenha, posso fazer apenas aquilo que me capacitas a fazer – e cada vitória é para tua glória, não minha".

Somos vasos por meio dos quais Deus faz sua própria obra. Somos colaboradores de Deus. Que impressionante privilégio! Ele nos permite compartilhar sua glória uma vez que nos lembremos de que sem ele nada podemos fazer.

Se realmente acreditamos que Deus está em completo controle de nossa vida, nenhuma das coisas que saírem erradas nos irritará ou desencorajará, porque saberemos que por meio de todas elas Deus está realizando seu plano para nós. Não nos gloriaremos no que nós estamos fazendo para Deus, mas no que ele está fazendo por nosso intermédio.

Precisamos aprender a confiar nossa vida a Deus, entregando-nos aos cuidados dele em tudo e para tudo, confiando não em nossa grande fé, mas em sua maravilhosa graça. É verdade que fé é importante, mesmo a fé que vem a nós por graça, como um presente. Tudo em nossa vida depende não de nossos méritos, ou habilidades ou obras, mas da vontade divina de Deus de usar seu infinito poder para satisfazer nossas necessidades – e inteiramente sem qualquer custo para nós.

Isso é graça.

Se você tem necessidades hoje – e quem não as tem? –, eu o desafio a lançá-las sobre o Senhor. É ótimo ter planos e objetivos e sonhos para a sua vida; é maravilhoso esperar em

Deus, mas sugiro que você faça um compromisso de colocar tudo isso de lado por um momento. Somente durante o tempo que você gastar lendo este livro, liberte-se de todas as tentativas de conseguir qualquer coisa por sua própria fé e esforço. Em vez disso, apenas relaxe e coloque sua confiança apenas sobre o Senhor. Abandone-se completamente e veja que poder dinâmico ele fará nascer em sua vida quando você simplesmente submeter-se para receber sua maravilhosa graça. Acredito que você verá tamanha mudança em todo seu enfoque de vida que jamais quererá retornar aos velhos dias.

1
Graça, graça e mais graça

Ao começarmos nosso estudo sobre a graça de Deus, gostaria de compartilhar brevemente com você sobre a condição em que minha vida estava quando o Senhor começou a me revelar o que graça é na realidade.

Naquela época tive alguma revelação sobre o assunto, mas, à medida que estudava, ficava mais e mais instigada em meu espírito para crer em Deus por uma revelação maior.

Enquanto você ler, quero encorajá-lo a estar pedindo a Deus, com fé, para dar-lhe uma revelação mais profunda sobre esta coisa maravilhosa chamada graça.

A palavra é frustrante

Quando Deus começou a revelar-me o que é graça, na verdade, acho que fiquei tão frustrada como qualquer outra pessoa ficaria. Por que tão frustrada? Havia tantas razões diferentes para minha frustração, mas o que mais me frustrava era, acredite se quiser, a Palavra de Deus.

Como poderia a Palavra ser frustrante para mim? A razão é simples. Como costuma acontecer muito freqüentemente com os crentes, eu estava tentando *trabalhar a Palavra, em vez de deixar que a Palavra trabalhasse em mim*. O que estava me frustrando sobre a Palavra era isto: ela estava continuamente me convencendo de que algo estava errado.

Veja, eu tinha muitos problemas em minha vida, mas não sabia ao certo, a origem deles. Eu achava que eles eram causados por outra pessoa. Estava convencida de que se todos os outros mudassem e agissem de forma diferente, então, eu poderia, enfim, ser feliz e contente. Então, quando comecei a estudar a Palavra de Deus, ela começou a me revelar que havia muitas áreas da minha vida que precisavam ser mudadas. Cada mensagem que ouvia, fosse na televisão, no rádio, em uma fita cassete ou em um encontro, parecia me convencer da minha necessidade de ser mudada. O problema era que eu não entendia a diferença entre convicção e condenação.

Enquanto a Palavra de Deus me levava à convicção, que é o propósito de Deus para o qual ela nos foi dada, Satanás tomava aquilo que me era dado para meu bem e começava a bater com ele em minha cabeça como condenação. Eu olhava a Palavra e via minha necessidade de mudança, mas não sabia nada sobre a graça de Deus para gerar tal mudança em mim. Eu não sabia como permitir que o Espírito do Senhor viesse à minha vida e fizesse acontecer as coisas que precisavam acontecer, como eu cria e exercitava a minha fé. Eu achava que tinha de fazer tudo sozinha.

Eu estava tentando mudar a mim mesma, tentando fazer de mim mesma tudo o que a Palavra dizia que era esperado de mim. Eu não sabia como me submeter ao Senhor e esperar nele. Não sabia nada sobre ser *transformada de glória em glória* (2 Coríntios 3.18), sobre *conquistar meus inimigos pouco a pouco* (Deuteronômio 7.22).

Além de tentar mudar a mim mesma, eu estava também tentando mudar tudo o mais em minha vida. Estava tentando mudar meu marido, meus filhos, todas as circunstâncias, tudo o que achava que fosse a causa dos meus problemas. Tentei, tentei e tentei, até que achei que fosse morrer de frustração. *Tentar fazer alguma coisa a respeito de algo sobre o que você não pode coisa alguma é frustrante!*

O que eu estava fazendo era operar debaixo da lei, que como a Bíblia nos diz, sempre nos leva à frustração e, finalmente, ao desapontamento e à destruição.

Lei *versus* graça

Todos quantos, pois, são das obras da lei [que estão buscando ser justificados por obediência à Lei de rituais] estão debaixo de maldição e condenados ao desapontamento e à destruição, porque está escrito: Maldito [amaldiçoado, destinado à destruição, condenado à punição eterna] todo aquele que não permanece [vive e persiste] em todas as coisas escritas no Livro da lei, para praticá-las.

Gálatas 3.10

Eu não percebi que meu problema era que com todas as minhas tentativas eu estava inconscientemente me colocando debaixo da maldição da lei. Eu estava tomando essa coisa boa da Palavra de Deus e transformando-a em lei. Eu via tudo isso como alguma coisa que tinha de conseguir, em vez de ver como promessas que Deus cumpriria se eu confiasse nele e esperasse por sua vitória. Você sabe que eu e você podemos transformar em lei cada palavra da Bíblia se não soubermos como abordá-la adequadamente?

Cada vez que nos colocamos debaixo da lei estamos nos direcionando para a miséria. Por quê? Porque a lei tem a habilidade de fazer uma de duas coisas: se a seguirmos perfeitamente, ela pode nos tornar santos. Mas, uma vez que nenhum ser humano pode fazer isso, a segunda coisa que a lei pode fazer é, na verdade, aumentar o pecado, o que leva à destruição.

Romanos 2 e 3 nos ensina que Deus deu a lei do Velho Testamento para que o homem tentasse cumpri-la, descobrisse que não podia e percebesse sua desesperada necessidade de um salvador.

Como isso acontece? Ouvimos ou lemos a lei e concluímos: "Se eu não cumprir esta lei, vou perder minha salvação"; ou: "Deus não me amará se eu não me comportar adequadamente. Ele não me amará se eu não for bom". Começamos, então, a olhar para a Palavra de maneira totalmente oposta àquela que Deus quer que olhemos. Tudo o que ele quer que façamos é encarar a verdade e dizer: "Sim, Senhor, tu estás inteiramente certo. Eu preciso fazer isso. Eu preciso mudar, mas eu não posso mudar a mim mesmo. Tua Palavra é a verdade e a minha vida não está de acordo com ela. Tua Palavra se tornou um espelho para mim. Nela posso ver que estou errado nesta área e sinto muito por isso. Peço-te que me perdoes e me transformes, pelo teu poder e tua graça".

Mas eu não sabia como fazer isso. Não sabia nada sobre o poder e a graça de Deus. Tudo o que sabia era tentar – tentar ser boa, tentar fazer tudo o que a Palavra dizia que deveria fazer. Tentar não falar muito, tentar me submeter, tentar ser mais generosa, tentar agir no fruto do Espírito. Tentar orar mais, tentar ler a Bíblia mais, tentar entender mais a Bíblia quando eu realmente a lia. Tentar ser uma esposa melhor, tentar ser uma mãe melhor, e por aí afora.

Como resultado, eu estava totalmente frustrada.

Um significado da palavra *frustrar*[1] é "desapontar, impedir de se atingir um objetivo ou satisfazer um desejo".

Como Paulo descreve tão bem em Gálatas 3.10, eu estava frustrada – desapontada e, na verdade, sendo destruída – porque eu estava tentando cumprir por uma lei que me era totalmente impossível cumprir. Estava tentando atingir um objetivo e satisfazer um desejo que estava além da minha capacidade.

---

[1] FERREIRA, Aurélio Buarque de Holanda. *Novo dicionário aurélio século XXI*, Rio de Janeiro: Nova Fronteira.

Quanto mais eu tentava, mais miseravelmente falhava. Quando colocamos toda nossa energia e esforço em alguma coisa que está fadada ao insucesso, o único resultado possível é a frustração. E tudo o que sabemos sobre isso é tentar mais – o que produz mais frustração.

É um círculo vicioso, que pode apenas ser quebrado mediante a perfeita compreensão da graça de Deus.

Tentar *versus* confiar

Você percebe que a palavra tentar não é bíblica? Sei que isso é verdade porque verifiquei na maior concordância que pude encontrar. Ah, a palavra está lá, é claro, mas não no sentido que estamos usando neste contexto.

A única forma em que a palavra tentar é usada na Bíblia é com o sentido de provocar, *pôr alguém ou alguma coisa à prova*. No *Salmo 78.41 o salmista diz: Tornaram a tentar a Deus*; e em Atos 5.9: *Por que entraste em acordo para tentar o Espírito do Senhor?*

Mas isso é inteiramente diferente da forma que em geral usamos a palavra tentar – referindo-se ao esforço humano. Dizemos que estamos "tentando" quando estamos nos esforçando para conseguir ou atingir alguma coisa por nossos próprios meios ou habilidades.

Não estou dizendo que jamais deveríamos fazer qualquer esforço para conseguir ou atingir alguma coisa na vida. De jeito nenhum. Uma das mensagens que prego freqüentemente é sobre o tema do esforço próprio que devemos demonstrar como crentes, um esforço que é feito por intermédio do poder e pela graça de Deus agindo em nós. Em outras palavras, não tentamos nada sem pedir a ajuda de Deus. Nós nos apoiamos nele ao longo de cada projeto. Mantemos uma atitude que diz: "Sem ele, nada posso fazer."

Mas não devemos nos envolver em esforços naturais, carnais, porque o resultado é apenas fadiga e frustração, desapontamento e destruição.

Enquanto você lê estas páginas, gostaria de sugerir que esteja pronto a trocar tentar por confiar. Isso foi o que aprendi a fazer quando o Senhor me abriu todo um novo mundo de revelação sobre sua maravilhosa graça.

A fonte da luta

De onde procedem as guerras [discórdias e hostilidades] e contendas [discussões e brigas] que há entre vós? De onde, senão dos prazeres que militam na vossa carne?

Tiago 4.1

Você tem lutas, discórdias, brigas, conflitos e guerras acontecendo dentro de você? Houve um tempo em que minha vida estava literalmente cheia de lutas.

Como todas essas perturbações começaram dentro de nós? Sabemos que não é esse o desejo de Deus para nós. O Senhor não quer que seus filhos vivam no meio de constante zona de guerra interior. Essa é a natureza do mundo em que vivemos, mas não o que se espera ser a natureza do Reino de Deus – e Jesus nos disse que o Reino está dentro de nós. (Lucas 17.21.)

Uma razão pela qual eu e você viemos a Cristo inicialmente é porque queríamos escapar de todo tipo de luta e conflito sem fim. Por isso nos tornamos cidadãos do Reino de Deus. A Bíblia nos diz que o Reino é justiça, paz e alegria. (Romanos 14.17.) Como seguidores de Jesus Cristo, essa é nossa herança e nosso bem. Por que, então, muitos de nós, que verdadeiramente amamos a Deus, que vamos para o céu, que somos chamados segundo o seu divino propósito ainda gastamos toda a nossa vida terrena no meio de algo de que estamos desesperadamente tentando escapar?

Qual a raiz de toda essa luta? Onde ela se origina? Esta é a pergunta que queremos responder para descobrir a solução para nossa frustração e nossa miséria.

Mas note a segunda parte desse verso. Tiago nos diz que todas essas coisas negativas procedem dos prazeres que militam na nossa carne.

Você sabe que eu e você podemos entrar em conflito por querer alguma coisa que é claramente contra a vontade de Deus para nós? Ter a vontade de Deus em nossas vidas pode nos frustrar. Se sairmos por aí tentando realizá-la da forma errada, produziremos apenas lutas, guerra e conflito.

Deus quer que nosso cônjuge e nossos filhos sejam salvos. Sabemos que esta é a sua vontade porque ele disse em sua Palavra que ele deseja *que nenhum pereça, senão que todos cheguem ao arrependimento.* (2 Pedro 3.9.) Ainda assim, eu e você podemos nos frustrar – e causar todo tipo de infortúnios a nós mesmos e aos outros – se sairmos por aí tentando levar nossos amados à salvação por nossos próprios esforços humanos.

Mesmo que pareça muito estranho, é inteiramente possível entrar em guerra com a Palavra de Deus. Isso acontece toda hora no Corpo de Cristo.

Certamente é a vontade de Deus para nós que vivamos vida santa, mas não consigo contar quantos conflitos causei em minha vida tentando ser santa. Queria todas as coisas certas, mas andei de lá para cá tentando consegui-las do modo errado. É contra isso que Tiago está nos prevenindo nesse verso. Ele está dizendo que as guerras e conflitos que nascem dentro de nós por causa dos nossos desejos – até mesmo nossos justos desejos – estão lutando em nossos membros.

Não temos porque não pedimos

Sois ciumentos e cobiçais [o que os outros têm] e nada tendes; [então] matais [odiar é matar, no que diz respeito ao coração]. Invejais e nada podeis obter [a gratificação, a alegria e a felicidade que procurais], então viveis a lutar e a fazer guerras. **Nada tendes porque não pedis.**

Tiago 4.2

As pessoas na igreja entram em guerra sobre dons de profecia e dons musicais. Elas se tornam invejosas umas das outras porque uma canta e a outra, não. Elas se odeiam simplesmente porque elas não têm alguma coisa que a outra pessoa tem. Ciúme e inveja não são amor. Deus se refere a eles como ódio.

A Bíblia é muito veemente a respeito disso. Ela diz que odiar os outros por causa de seus dons especiais é tornar-se um assassino no coração.

Somos culpados de assassinato em nosso coração? Ardemos em inveja e raiva porque não somos capazes de obter a gratificação, a alegria e a felicidade que buscamos? Ficamos frustrados porque não conseguimos ter nem mesmo as coisas boas que tanto desejamos?

Isso é o que estava acontecendo comigo num momento da minha vida. Eu estava tentando me fazer feliz. Via todas aquelas coisas boas que sabia precisar e estava tentando fazer com que acontecessem por meus próprios esforços. Ninguém tem a menor idéia de quantos anos eu me frustrei profundamente tentando fazer com que meu ministério acontecesse. Era certamente a vontade de Deus para mim. Ele me havia chamado para isso e me havia ungido para isso. Entretanto, não estava acontecendo, embora eu tentasse.

É interessante notar que Deus chama uma pessoa para fazer alguma tarefa e, então, não permite que a faça por algum tempo. E ela jamais poderá desempenhá-la até que pare de tentar pelos seus próprios meios e comece a permitir que o Senhor a faça acontecer do seu próprio jeito e no seu próprio tempo. Os caminhos de Deus são perfeitos! Se você está frustrado a respeito do tempo, aprenda a orar como o salmista, *Nas tuas mãos, estão os meus dias.* (Salmos 31.15.)

Tenho conhecimento disso porque era exatamente o que acontecia comigo. Estava frustrada, com inveja com raiva e incapaz de obter a gratificação, alegria e felicidade que buscava – até que o Senhor me mostrou a última frase do verso 2 de Tiago 4:... *Nada tendes porque não pedis.*

Quando realmente vi e entendi essa frase pela primeira vez, isso atingiu fortemente toda a minha teologia. O Senhor me deu uma parte importante da revelação da graça que, num dado momento, mudou toda a minha vida e meu ministério.

O Senhor me convenceu de várias coisas em minha vida. Algumas delas podem dizer respeito a você em sua caminhada cristã. Deixe-me dar-lhe um exemplo.

Certo dia, acordei com uma dor de cabeça latejante. Achei que estivesse pegando uma gripe. Passei o dia todo com aquela dor de cabeça horrível, dizendo a todos que encontrava como eu me sentia mal – até que finalmente Deus falou comigo: "Alguma vez passou pela sua cabeça pedir-me para curar você"? Eu cria em Jesus como aquele que cura, mas gastei o dia queixando-me e não pedi nem uma vez.

Isso acontece muito freqüentemente em nossa vida. Saímos por aí queixando-nos dos nossos problemas e gastando metade do nosso tempo tentando imaginar o que podemos fazer para resolvê-los. Fazemos tudo que há a fazer debaixo do sol, exceto a única coisa que nos é dito fazer na

Palavra de Deus: *Pedi e recebereis, para que a vossa alegria seja completa.* (João 16.24.)

Por que somos assim? Porque a carne, nossa natureza carnal humana, quer ela mesma fazer as coisas. Essa é a natureza da carne. Ela quer conquistar. Quer superar seus próprios problemas à sua própria maneira. Por quê? Porque ela pode ter a glória. A carne quer ela mesma fazer porque quer o crédito.

Essa é uma razão porque não somos mais bem-sucedidos em nossa caminhada de fé: porque estamos tentando obter por esforço pessoal o que Deus quer nos dar pela sua graça. Mas, para que ele nos dê aquilo de que precisamos, devemos ser suficientemente humildes para desistir de tentar e começar a confiar. Devemos estar desejosos de parar de fazer e começar a pedir.

Receber, não conseguir

[Ou] pedis [a Deus] e não recebeis, porque pedis mal [com propósito errado e maldoso, motivos egoístas]. Vossa intenção é [quando conseguir o que desejais] para gastardes em vossos deleites.

Tiago 4.3

Neste estudo, espero erradicar a palavra *conseguir* de nosso vocabulário e substituí-la pela palavra *receber*. Essas são duas coisas diferentes.

Tiago nos diz que em vez de nos lançarmos para conseguir aquilo de que precisamos ou o que desejamos, devemos pedir. Mas, então, ele vai além dizendo que freqüentemente a razão pela qual não recebemos o que pedimos é porque pedimos por motivos ou intenções erradas.

Algumas vezes, o que pedimos a Deus não é errado em si mesmo, mas ele não pode nos conceder o que pedimos porque ele ainda tem algum trabalho a fazer em nós para nos preparar para receber.

Por exemplo, era correto buscar o Senhor a respeito do ministério para o qual ele me havia chamado. Era a vontade de Deus que eu fosse bem-sucedida. Entretanto, ainda que ele tivesse me chamado, os primeiros vários anos do meu ministério foram difíceis, porque meus motivos eram errados. Ao invés de simplesmente me submeter ao Senhor em humilde serviço a ele, eu estava tentando ser importante. Eu era insegura e queria uma alta posição no Reino de Deus por razões erradas. Até que aprendesse a permitir que fizesse seu trabalho em mim, ele não poderia trabalhar por meu intermédio. Meus motivos tinham de ser purificados, e esse tipo de mudança não acontece da noite para o dia.

Por anos fiquei frustrada, porque orava, jejuava e buscava o Senhor e, apesar disso, nada acontecia – pelo menos um pouquinho que eu pudesse ver. Eu não percebia o valor do trabalho interior que deve ser feito para nos preparar para bênçãos visíveis. Eu queria me mover na plenitude do Espírito de Deus, mas havia apenas um pequeno gotejar do Espírito em minha vida e ministério. Eu não podia entender o que estava errado.

Até mesmo estive a ponto de querer dizer ao Senhor para esquecer de mim, então eu poderia esquecer a respeito do ministério e fazer alguma coisa diferente. Estava pronta para desistir de tudo.

Isso acontece com muitos de nós. Deus vem e começa um trabalho em nós e por intermédio de nós. Ele nos coloca no meio do que está fazendo e, então, parece que ele não irá adiante e não terminará o trabalho. É aqui que começa a frustração, porque nos esforçamos tanto em fazer com que as coisas caminhem que parece uma tentativa de tirar uma montanha do caminho com pura força física. Não vai funcionar! Deus, naturalmente, sempre termina o que ele começa, mas a espera nos ajuda a ficar verdadeiramente enraizados e firmados nele.

Muitas vezes esse tipo de coisa acontece porque nossos motivos são errados. Algumas vezes até mesmo nossos motivos para ver nossos amados salvos podem ser egoístas. Nós os queremos salvos não porque os amamos e queremos vê-los abençoados, mas porque queremos que nossa vida se torne mais fácil ou melhor. Nós os queremos salvos não por amor a eles, mas porque não teremos de tolerar suas atitudes e comportamento pecaminosos.

Isto faz parte do que Tiago está falando, quando ele diz que pedimos para um propósito errado ou com más intenções, mesmo que não percebamos ou não admitamos isso. É difícil encararmos a verdade a nosso próprio respeito. Mas teremos de fazer isso se quisermos ser capazes de receber tudo o que Deus deseja nos dar.

Ao longo dos anos, aprendi uma verdade importante: *Deus me conhece muito melhor do que eu mesma me conheço.* Cheguei à compreensão de que se peço alguma coisa ao Senhor e ele não a dá imediatamente, é simplesmente porque ainda não estou pronta para recebê-la.

O Senhor disse-me certa vez: "Joyce, cada vez que você me pedir alguma coisa boa e não a receber, não é porque estou tentando reter meu apoio ou impedir que você a receba. É porque ou tenho alguma coisa melhor em mente e você apenas não sabe o suficiente para pedi-la a mim, então tenho de fazê-la esperar até que você se ajuste ao meu plano, ou porque você está fora do meu tempo".

Geralmente essa não é uma questão de estar fora da vontade de Deus, é uma questão de estar fora do tempo de

Deus. Não temos porque não pedimos. Mas também não temos porque pedimos por intenções e motivos errados, ou porque ainda não estamos prontos para receber o que Deus quer nos dar.

Aprendi que, quando peço alguma coisa ao Senhor, devo fazer meu pedido e então esperar. Se for sua vontade que eu receba o que pedi, ele o fará – da sua própria maneira e no seu próprio tempo. Esperar não precisa ser frustrante se aprendermos mais sobre a graça de Deus.

Como esposas infiéis

Vós sois como esposas infiéis [tendo casos de amor ilícitos com o mundo] e quebrando vosso voto de casamento com Deus! Infiéis, não compreendeis que a amizade do mundo é inimiga de Deus? Aquele pois que quiser ser amigo do mundo, constitui-se inimigo de Deus.

Tiago 4.4

O que Tiago quer dizer com a expressão "como esposas infiéis"? Acredito que o Senhor me deu um bom exemplo de minha própria experiência pessoal.

Na minha cozinha, há algumas janelas sobre a pia que são difíceis para eu alcançar. Então, quando vou abrir ou fechar aquelas janelas, posso subir na pia e transformar isso em uma grande provação. Ou posso me poupar dessa dificuldade e estresse simplesmente chamando meu marido, Dave, e pedindo-lhe para abri-las ou fechá-las para mim. Dave é muito mais alto do que eu, então com seus longos braços, não é problema para ele fazer o que seria um desafio frustrante para mim.

É dessa forma que somos com o Senhor. Lutamos e nos estressamos, exaurindo-nos para fazer alguma coisa que o Senhor poderia fazer por nós sem nenhum esforço se tão-somente pedíssemos.

Mas você sabe o que insultaria meu marido ainda mais do que recusar que ele me ajudasse? Seria correr ao vizinho da porta ao lado e pedir-lhe para vir abrir ou fechar minhas janelas para mim. É a esse tipo de coisa que Tiago está se referindo nesse verso, quando ele fala sobre sermos "como esposas infiéis", que se voltam a outros homens em busca de ajuda em vez de chamar seus próprios maridos, um símbolo do Senhor.

Estive frustrada em minha vida e ministério até que aprendi a desistir tanto de tentar fazer tudo eu mesma como de correr aos outros com meus problemas em vez de correr a Deus.

Graça definida

Ou supondes que em vão afirma a Escritura: É com ciúme que por nós anseia o Espírito [por ser bem recebido], que ele fez habitar em nós?

Antes dá maior graça [poder do Espírito Santo, para opor-se inteiramente a esta tendência maligna e a todas outras]; pelo que diz: Deus resiste aos soberbos, mas dá graça [continuamente] aos humildes [àqueles que são suficientemente humildes para recebê-la].

Tiago 4.5-6

Enquanto lia esta passagem alguns anos atrás, buscando uma resposta ao porquê de estar tão frustrada e sem poder para superar meus pecados e minhas falhas, meus olhos começaram a se abrir quando cheguei ao verso 6, que diz que Deus nos dá *mais e mais graça*. Então a *Versão Amplificada da Bíblia* nos diz o que a graça é.

Antes que o Senhor abrisse meus olhos para essa revelação, a única definição que eu já tinha ouvido da palavra *graça* era "favor não merecido". Isso é bom, mas há muito mais em graça do que isso. A *Bíblia Amplificada* diz que graça é o poder do Espírito Santo para opor-se à tendência maligna dentro de cada um nós.

A que tendência maligna Tiago está se referindo? À tendência maligna de ser como uma esposa infiel; à tendência maligna de ter amores ilícitos com o mundo; à tendência maligna de dar as costas a Deus e olhar para nós mesmos ou para outros em vez de simplesmente pedir-lhe para satisfazer nossas necessidades. Essa é uma tendência da carne, e não é a maneira que Deus quer que ajamos.

A resposta que eu estava procurando encontra-se no verso 6, que nos diz que no meio de todos os nossos problemas e frustrações Deus nos dá mais e mais graça, mais e mais poder do Espírito Santo, para nos opormos completamente a essa e a todas as outras tendências malignas. Por isso é que Deus se coloca frontalmente contra o orgulhoso e o arrogante que pensam que podem resolver as coisas sozinhos sem ele, mas dá graça continuamente ao humilde, àqueles que são suficientemente humildes para receber sua graça simplesmente pedindo por ela.

Deus quer nos ajudar a nos opor à tendência maligna dentro de nós. Ele quer nos dar sua graça. Ele quer nos dar o poder para que superemos nossos motivos e intenções erradas, desde que sejamos suficientemente humildes para pedir e receber, ao invés de tentar resolver tudo sozinhos, em nosso próprio poder e do nosso próprio jeito.

Salvo pela graça, vivendo pelas obras

> Porque pela graça [favor imerecido de Deus] sois salvos [libertos do julgamento e feitos co-herdeiros da salvação com Cristo], por meio da [vossa] fé; e isso [a salvação] não vem de vós [das vossas próprias obras, não vem através do vosso próprio esforço]; é dom de Deus.

Não vem das obras [não do cumprimento das exigências da Lei], para que ninguém se glorie [Não é o resultado do que qualquer um seja capaz de fazer, para que ninguém se orgulhe disso e tome a glória para si mesmo].

Efésios 2.8-9

Esta passagem está, obviamente, referindo-se à salvação. Mas a Bíblia diz que a maneira pela qual somos salvos – pela graça através da fé – é a maneira como devemos viver nossa vida diária. *Porque pela graça [favor imerecido de Deus] sois salvos [libertos do julgamento e feitos co-herdeiros da salvação com Cristo], por meio da [vossa] fé; e isso [a salvação] não vem de vós [das vossas próprias obras, não vem através do vosso próprio esforço]; é dom de Deus (v. 8).* O mesmo princípio que aplicamos para receber a salvação, devemos aplicar para receber qualquer outra bênção que vem de Deus.

Como fomos salvos? Pela graça através da fé. Uma das coisas que quero ajudá-lo a aprender neste estudo é a diferença vital entre estas duas palavras *pela* e *por meio de*. Essa diferença nos ajudará a manter na perspectiva correta as diferentes funções de graça e fé.

Nestes últimos anos temos ouvido bastante sobre fé. Quando o Senhor estava abrindo meus olhos para a verdade que estou compartilhando com você nestas páginas, eu estava tentando, com todas as forças ter fé, crer em Deus para uma porção de coisas. Estava tentando crer nele para que meu ministério desabrochasse, pela cura de minha coluna, por mais prosperidade financeira e para que meu marido e filhos se transformassem naquilo que eu achava que eles deveriam ser. Eu "tinha minha fé lá" – ou pelo menos achava isso. O único problema era que o que eu estava exercitando não poderia ser fé, porque eu não tinha paz de mente e coração, não tinha descanso.

O escritor dos Hebreus nos diz: *Porque nós, os que temos crido [aceito, confiado e dependido de Deus], entramos no descanso.* (Hebreus 4.3.) De acordo com a Bíblia, uma vez que você e eu cremos em Deus (o que é fé), então nós entramos no seu descanso. Mas eu não tinha descanso. A razão por que eu não tinha descanso é simples. Em vez de exercitar fé em Deus, eu estava, na verdade, exercitando fé na fé. Estava adorando uma coisa (fé), em vez de adorar uma pessoa (Deus).

A razão de ter caído nessa armadilha é que eu tinha minha esperança fixada em minha fé, em vez de em meu Senhor. Eu pensava que fé era o preço que pagávamos pelas bênçãos de Deus ou, colocando de outra forma, eu pensava que poderia conseguir o que queria e precisava pela minha fé. Mas aquela forma de pensar era incorreta. As bênçãos de Deus não podem ser *compradas* por fé ou por qualquer outra coisa, elas devem ser *recebidas*. Fé não é a moeda que compra bênçãos de Deus, é a mão que recebe suas bênçãos. O que compra tudo que Deus quer nos dar foi pago por Jesus em nosso lugar na cruz do Calvário. Nossa salvação não foi comprada pela fé, mas com o sangue derramado pelo Filho de Deus. Simplesmente recebemos aquela salvação pela graça de Deus, por meio da nossa fé – isto é, crendo (sendo fiel a, confiando em e dependendo de) Deus, que nos dá gratuitamente todas as coisas para o nosso contentamento (1 Timóteo 6.17.)

A Bíblia nos diz que é *pela* graça, *por meio* da fé que você e eu somos salvos e feitos participantes das bênçãos de Deus. Ela também nos diz que a maneira pela qual somos salvos é a mesma maneira pela qual devemos viver e regular nosso dia-a-dia.

É curioso que venhamos a Deus por meio de Cristo, como estamos, confiando em nada exceto no sangue de Jesus para nos lavar de nossos pecados. Somos muito gratos a Deus por nos salvar e nos dar vida eterna com ele. Por quê? Porque sabemos que não merecemos. Mas, a partir daquele momento, queremos merecer tudo mais que ele nos dá. Daí em diante, Deus tem de, praticamente, forçar cada bênção sobre nós. Por quê? Porque pensamos que não merecemos. Não lemos a Bíblia o suficiente hoje, não oramos o suficiente hoje, não produzimos o fruto do Espírito suficientemente hoje, gritamos com uma das crianças, chutamos o gato, não fomos gentis quando ficamos entalados naquele congestionamento de carros. Pensamos em tudo o que fizemos de errado e imaginamos que isso automaticamente nos desqualifica para qualquer bênção de Deus.

Se Deus pudesse abençoar apenas as pessoas perfeitas, então ele jamais poderia abençoar alguém, porque todos pecamos e carecemos da graça de Deus. (Romanos 3.23.) Nenhum de nós merece qualquer coisa boa do Senhor. Esse fato não nos impede de receber graciosamente sua gloriosa salvação; por que ele deveria impedir de recebermos suas multiformes bênçãos? A razão é que, uma vez salvos pela graça por meio da fé, imediatamente cometemos o erro de deixar de viver pela graça para viver pelas obras.

Obras *versus* graça

Você entende agora por que ficamos tão frustrados? É porque, com toda nossa ênfase em fé, estamos tentando viver por *obras,* uma vida que foi gerada e planejada por Deus para ser vivida pela *graça.*

Deixe-me dar-lhe uma dica prática de como a graça pode ser benéfica a você no seu dia-a-dia. Quando você se envolver em uma situação que começa a fazer com que fique frustrado, apenas pare e diga: "Oh, Senhor, dá-me graça". Então, acredite que Deus ouviu a sua oração e a está respondendo e resolvendo a situação, enquanto você segue na sua rotina diária.

Veja, a fé é o canal por meio do qual recebemos a graça de Deus para satisfazer nossas necessidades. Se tentarmos fazer as coisas por conta própria, sem nos abrirmos para receber a graça de Deus, então não importa quanta fé possamos ter, ainda assim não receberemos o que estamos pedindo a Deus. Porque a Bíblia diz que graça é o poder de Deus vindo a nós pela fé, para satisfazer nossas necessidades.

Muito tempo atrás, escrevi esta frase e a colei na minha geladeira:

Obras da Carne = Frustração

Se você puder aprender esse princípio – de que cada vez que você se frustra é um sinal de que você parou de receber a graça de Deus –, logo você superará sua tendência maligna de ficar frustrado.

Se você está frustrado, é porque está tentando fazer as coisas acontecerem por você mesmo. Não é porque não tem fé nenhuma; é porque parou de receber de Deus a sua graça. Eu sei porque estive totalmente frustrada a respeito da fé. Estava tentando conseguir as coisas e fazer as coisas pela fé, e simplesmente não estava funcionando, porque estava deixando a graça de fora.

Algum tempo atrás, encontrei-me em uma situação em que fiquei muito tensa e "ansiosa". Isso é sempre um sinal de que estou em uma situação com a qual não sei lidar. Não quero que as coisas sejam do jeito que são, mas não tenho o poder de mudá-las.

Quanto mais eu tentava descobrir o que fazer para solucionar meu dilema, mais confusa, aborrecida e frustrada me tornava. Finalmente, lembrei-me do que estou compartilhando com você neste livro – a graça de Deus. Então parei e orei: "Senhor, não devo estar recebendo tua graça; se assim não fosse, não estaria frustrada. Pai, dá-me graça".

Sentei-me lá, em silêncio, e em poucos minutos o Senhor deu-me a resposta para a minha situação. Era tão simples que não entendi como não a vi desde o início. Tudo que pude dizer foi: "Obrigada, Senhor!"

Você sabe por que ficamos tão frustrados? É porque queremos que as coisas sejam de certa maneira, e nesta vida nem tudo funciona sempre do jeito que queremos, do jeito que planejamos. É por isso que precisamos confiar e depender da graça de Deus. Ele sabe o que estamos enfrentando em cada situação da vida e ele fará com que as coisas trabalhem para o melhor, se confiarmos nele o suficiente para permitir que assim o faça.

O orgulho produz frustração

Semelhantemente vós, jovens, sede sujeitos aos anciãos; e sede todos sujeitos uns aos outros e revesti-vos de humildade [para servirdes uns aos outros], porque Deus resiste aos soberbos, mas dá graça aos humildes.

1 Pedro 5.5

Vamos examinar este versículo em uma versão mais detalhada da *Bíblia Amplificada*:

Semelhantemente vós, jovens [que sois mais novos e de posição inferior], sede sujeitos aos anciãos [os ministros e guias espirituais da igreja] – [dando-lhes o devido respeito e submetendo-se ao seu conselho]; e revesti-vos de humildade [como a vestimenta de um servo, de maneira que vosso vestuário não possa, em hipótese alguma, ser tirado de vós, livres do orgulho e da arrogância] e sede todos sujeitos uns aos outros.

Porque Deus resiste aos soberbos [o insolente, o arrogante, o desdenhoso, o presunçoso, o presumi-

do] – [e ele se lhes opõe, frustra-os e derrota-os], mas dá graça [favor, bênção] aos humildes.

Em ambas as versões, vemos que Deus se coloca contra o orgulhoso, mas dá graça ao humilde.

Em minha situação, enquanto eu me sentasse lá tentando resolver meu problema por mim mesma, estava sendo orgulhosa. O orgulho é sempre nosso motivador quando tentamos lidar nós mesmos com nossos problemas, em vez de nos humilharmos e perguntarmos a Deus o que devemos fazer – e, então, sermos suficientemente obedientes para fazer o que ele disser, quer concordemos, quer não, quer gostemos, quer não.

Na verdade, não faz diferença se gostei do plano que Deus me deu ou não; ele funcionou. Há uma grande diferença entre tentar usar o que pensamos ser fé para fazer nossos planos funcionarem e confiar na graça para permitir que Deus coloque seu plano em funcionamento. É a diferença entre orgulho e humildade, entre frustração e descanso. Lembre-se de que fé verdadeira nos traz descanso, mas as obras da carne nos trazem frustração.

Por muito tempo em minha vida, cada vez que ficava frustrada, eu colocava a culpa da minha frustração no diabo. Eu dizia: "Satanás, eu te repreendo em nome de Jesus"! Mas não era o diabo que estava me frustrando – era Deus!

"Bem, agora espere um instante," você deve estar pensando. "Isso não pode ser assim; não é bíblico."

Ah, mas é. Aqui mesmo, em 1 Pedro 5.5, na versão Amplificada da Bíblia, lemos que Deus se opõe, frustra e derrota o orgulhoso, o insolente, o altivo, o desdenhoso, o presunçoso, o jactancioso. Quem são essas pessoas? São as que resolvem tudo por si mesmas, que tentam fazer do seu jeito em vez de fazer do jeito de Deus. São as que tentam se transformar naquilo que pensam que deveriam ser em vez de pedir a Deus para fazer nascer nelas as mudanças que ele deseja fazer.

A Bíblia diz que Deus se opõe a nós quando agimos por orgulho. Por quê? Porque sabe que, se permitir que façamos as coisas do nosso jeito, jamais aprenderemos a depender dele. Quando ele se opõe a nós ou impede nosso plano de funcionar, sentimo-nos frustrados.

Por outro lado, Deus dá graça (favor, bênção) aos humildes, àqueles que são fiéis, que confiam nele e dependem dele e não da sua própria habilidade, esquemas e artifícios – ou mesmo da sua grande sabedoria, conhecimento e fé.

Portanto, humilhe-se

Humilhai-vos [rebaixai-vos, diminui-vos na vossa própria avaliação], pois, debaixo da potente mão de Deus, para que, a seu tempo, vos exalte.

1 Pedro 5.6

Você sabe o que significa humilhar-se debaixo a poderosa mão de Deus para que ele, em tempo oportuno, o exalte? Significa pedir ao Senhor aquilo de que você precisa e, então, esperar que ele o supra como lhe apraz, sabendo que seu tempo é sempre perfeito. Significa ficar quieto e saber que ele é Deus e que ele sabe o que é melhor para você em cada situação da vida. Significa parar de tentar fazer com que as coisas acontecem e permitir que o Senhor lhe mostre o que precisa fazer para cooperar com o seu plano e propósito para você.

Graça e preocupação

Lançando sobre ele toda a vossa ansiedade [todas as vossas inquietações, todas as vossas preocupações, todas as vossas aflições, de uma vez por to-

das], porque ele tem cuidado [afetuosamente] de vós [e cuida de vós vigilantemente].

1 Pedro 5.7

A pessoa que realmente entende a graça de Deus não vai se preocupar. Sabe por quê? Porque a preocupação é uma obra da carne. Está tentando descobrir o que fazer para se salvar em vez de confiar em Deus por libertação.

A pessoa que está vivendo em constante preocupação não está recebendo a plenitude da graça de Deus, porque, da mesma maneira que o perfeito amor lança fora o medo (1 João 4.18), a graça de Deus expulsa todos os sinais de ansiedade.

Ande na graça do Senhor e você não satisfará as obras da carne.

Graça e estabilidade

Sede sóbrios [equilibrados, sóbrios de mente] e vigilantes [e tende cautela todo o tempo]. O diabo, vosso adversário, anda em derredor, como leão que ruge [com fome selvagem], procurando [aqueles de quem possa apoderar-se e] alguém para devorar.

Resisti-lhe firmes na fé [contra seu ataque – enraizados, estabelecidos, fortes, inalteráveis e determinados], certos de que sofrimentos iguais [idênticos] aos vossos estão-se cumprindo na vossa irmandade [todo o Corpo de Cristo] espalhada pelo mundo.

1 Pedro 5.8,9

Até aqui, Pedro está nos dizendo que se temos um problema, devemos envolver Deus nele. Está nos dizendo para nos humilharmos debaixo da poderosa mão de Deus, recusando-nos a nos preocupar ou ficar ansiosos, mas, em vez disso, esperar no Senhor, permitindo-lhe elaborar sua perfeita solução em seu perfeito tempo.

Entretanto, nessa passagem ele nos dá um aviso: enquanto esperamos no Senhor, devemos permanecer firmes contra o diabo, nosso inimigo que está em derredor para nos devorar. Pedro nos exorta a estarmos firmes na fé, enraizados, estabelecidos, fortificados e determinados enquanto nos mantemos em fé e confiança, dependendo não da nossa própria força, mas da força e do poder do Senhor.

Dependa do Senhor

Porquanto ouvimos da vossa fé em Cristo Jesus [a rendição de toda a vossa personalidade humana a ele em absoluta fé e confiança em seu poder, sabedoria e bondade] e do amor que tendes [e demonstrais] para com todos os santos [consagrados de Deus].

Colossenses 1.4

De acordo com a Bíblia, fé é a inclinação de toda a personalidade humana para Deus em absoluta confiança em seu poder, sabedoria e bondade.

Você sabe o que isso me diz? Que fé é minha total dependência de Deus, tirando todo o peso de mim e colocando tudo sobre ele, crendo em: 1) seu poder e habilidade de fazer o *que* precisa ser feito; 2) sua sabedoria e conhecimento para fazê-lo *quando* precisa ser feito; e 3) sua bondade e amor para fazê-lo *como* precisa ser feito.

Você tem fé suficiente para depositar a sua personalidade em Deus, confiando tudo que você é e tem total e completamente a ele? Ou você depende dele mas mantém seu fardo sobre você também, de modo que se ele mover alguma coisa você pode rapidamente recuperar o equilíbrio e firmar-se nos seus próprios pés?

Certa vez, em um encontro, fingi desmaiar, e meu marido precisou me erguer em seus braços e me carregar. Se ele tivesse me derrubado, eu teria me estatelado no chão. Fiz isso para mostrar às pessoas como a fé real funciona. Ela depende totalmente de Deus.

Isto é fé – abrir mão e deixar Deus fazer.

Graça e confiança em Deus

Porque para isto sois chamados [é parte inseparável da vossa vocação]. Pois também Cristo padeceu por nós, deixando-nos o [seu] exemplo [pessoal], para que sigais as suas pisadas.

O qual não cometeu pecado, nem na sua boca se achou engano [fraude].

O qual, quando o injuriavam e insultavam, não injuriava [nem devolvia o insulto] e, quando padecia, não ameaçava [vingar-se], mas entregava-se [a si próprio e tudo] àquele que julga retamente.

1 Pedro 2.21-23

Quando a pessoa entrega tudo, até mesmo sua própria vida nas mãos de Deus, isso é fé.

Jesus agiu em fé, enquanto ele estava sendo ultrajado e insultado, ainda que não fosse atendido imediatamente. Mais cedo, ele havia sofrido agonia no Jardim do Getsêmani, quando seus discípulos o desapontaram; ele não pôde encontrar nenhum para vigiar e orar com ele por uma hora. A Bíblia diz que ele orou tão intensamente que o seu suor se tornou como gotas de sangue, caindo sobre a terra. (Lucas 22.44.) Mais tarde, depois do seu julgamento, ele sofreu a caminho do Calvário. Depois de ser ridicularizado, espancado e cuspido, ele devia morrer em agonia. Em tudo Jesus confiou em Deus, embora não houvesse libertação para ele ainda. Isso viria mais tarde, depois de sua morte e sepultamento.

Uma atitude de fé e confiança

Pois não deixarás a minha alma no Hades [o estado daqueles que morreram], nem permitirás que o teu Santo veja a corrupção [do corpo após a morte].

Atos 2.27

Esse verso é uma declaração profética que veio do rei Davi, mas refere-se ao Messias. Essa era a atitude de Jesus, a atitude de fé e confiança em seu Pai que o levou nos momentos difíceis que ele teve de encarar.

Você sabia que é nossa fé e confiança no Senhor que nos conduz nos momentos difíceis, quando esperamos pacientemente que a graça de Deus produza nossa libertação? Embora a fé seja importante, não é esse o poder que liberta; ela nos sustenta até que o poder de Deus – em forma de graça – entre em cena para nos libertar.

Quando dizemos que estamos esperando em Deus para que alguma coisa aconteça, precisamos também estar orando ao Senhor, dizendo: "Pai, preciso da tua graça. Preciso que teu poder venha e me liberte". Lembre-se: nossas vitórias vêm "pela graça", através da fé.

Freqüentemente alguém nos diz que precisamos manter nossa fé conectada, que devemos continuar a crer que o precisamos, obteremos pela fé. Mas, se não formos cuidadosos, podemos ficar com nossos olhos fixados na bênção, e não no Senhor. Há uma tênue linha aqui. Devemos ser cuidadosos para buscar a face do Senhor e não apenas sua mão. Ele quer que o busquemos e não apenas que ele faça por nós.

O mesmo é verdade em relação à fé e à graça. Podemos nos fixar tanto em crer que começamos a adorar – aternos a, confiar em e depender de – nossa fé, em vez de ao Senhor, aquele em quem está fundada nossa fé. Em vez de mantermos os olhos nas coisas que estamos buscando, precisamos mantê-los em Deus. Precisamos olhar além da nossa fé para a graça de Deus e dizer: "Pai, preciso que venhas através da minha fé, pela tua graça, para me conceder o que preciso".

Freqüentemente nos achamos tão envolvidos em dizer: "Creio em Deus, creio em Deus, creio em Deus" que nos tornamos legalistas e fazemos o que Paulo nos advertiu a não fazer – frustramos a graça de Deus: *[Portanto, não trato o gracioso presente de Deus como alguma coisa de somenos importância e anulo o seu propósito]; não aniquilo [nem deixo de lado, nem invalido, nem frustro] a graça [favor imerecido] de Deus...* (Gálatas 2.21.) Se colocamos muita ênfase em nossa fé – em nossa crença e nossa fidelidade –, então, frustramos a graça de Deus que está firmada não em nossas obras, mas em seu favor imerecido para nós.

Devemos aprender a descansar totalmente no Senhor, reconhecendo livremente que não é pela fé, mas pela graça, que recebemos quaisquer das boas coisas que ele quer que tenhamos. Devemos nos lembrar de que a coisa mais importante para receber as bênçãos de Deus não é nossa grande fé, mas sua grande fidelidade.

A fidelidade de Deus

Fizeste-me conhecer os caminhos da vida, encher-me-ás [transbordarás minha alma] de júbilo na [e com a] tua presença.

Irmãos, seja-me permitido dizer-vos [com confiança e] claramente a respeito do patriarca Davi que ele morreu e foi sepultado, e o seu túmulo permanece entre nós até hoje.

Sendo, pois, profeta e sabendo que Deus lhe havia jurado que um dos seus descendentes se assentaria no seu trono.

Prevendo [por profecia] isto, referiu-se à ressurreição de Cristo [o Messias], que nem foi deixado na morte [nem abandonado no Hades, estado daqueles que morrem], nem o seu corpo experimentou corrupção [ou a destruição].

A este Jesus Deus ressuscitou, do que todos nós [seus discípulos] somos testemunhas.

Exaltado, pois, à destra de Deus, tendo recebido do Pai a promessa [bênção que é] do Espírito Santo, derramou isto que [vós agora] vedes e ouvis.

Atos 2.28-33

Aqui vemos que Pedro disse à multidão reunida em Jerusalém no dia de Pentecostes que o que eles estavam testemunhando naquele dia era o resultado direto da fidelidade de Deus em manter sua Palavra de ressuscitar a Jesus dentre os mortos e derramar o Espírito Santo sobre a humanidade.

Jesus exercitava fé e confiança em seu Pai para fazer o que disse que faria. E ele não foi desapontado. Seu Espírito não foi deixado na morte, nem foi seu corpo deixado para decompor-se no túmulo. Pelo contrário, foi elevado e feito sentar-se à destra de Deus nos céus, de onde derramou o Espírito Santo prometido.

Como Pedro, é-me permitido dizer-lhe com confiança e liberdade que, se você está descansando em Deus, não será abandonado em seu problema nem deixado decompor-se em seu dilema. Lembra-se da Escritura que diz que, se *o mesmo poder que ressuscitou Cristo dos mortos habitar em nós, ele vivificará nossos corpos mortais?* (Romanos 8.11.) Não é apenas sua fé que o libertará; é a graça de Deus que virá em seu socorro, o levantará e o fará assentar-se em lugares celestiais, exatamente como Jesus disse.

Como posso ter tanta certeza? Porque conheço a Deus, porque sei que ... *quem fez a promessa é fiel [confiável e fiel à sua Palavras]*. (Hebreus 10.23.)

Fé e graça trabalham juntas

Deixe-me dar-lhe uma ilustração da maneira como fé e graça trabalham juntas para nos trazer as bênçãos de Deus.

Em meus encontros, freqüentemente, levo comigo um grande ventilador elétrico, que coloco na plataforma do palestrante. Chamo alguém da platéia e peço-lhe que fique em pé em frente ao ventilador, dizendo-lhe que vou refrescá-lo. Quando o ventilador não funciona, mesmo que eu aperte o botão de ligar, pergunto à platéia: "O que está errado? Por que este ventilador não está ajudando essa pessoa"?

Claro, a platéia vê imediatamente o que está errado: "Não está ligado"! as pessoas gritam.

"É isso mesmo", digo, "e isso é exatamente o que está errado muitas vezes quando nossas orações não são respondidas."

Continuo explicando que fixamos nossos olhos na fé (o ventilador), esperando que funcione, mas deixamos de olhar além da fé, para a fonte de poder que faz com que funcione, que é o Senhor.

Jesus teve fé durante todo o tempo que estava sofrendo. Ele teve fé enquanto estava no Jardim do Getsêmani. Ele teve fé diante do sumo sacerdote e de Pilatos. Ele teve fé quando estava sendo ridicularizado, insultado e maltratado. Ele teve fé no caminho para o Gólgota. Ele teve fé enquanto era pendurado na cruz. Ele teve fé até mesmo enquanto seu corpo jazia na tumba; ele tinha fé absoluta que Deus não o deixaria lá, mas o ressuscitaria como havia prometido. Mas você percebe que por toda a sua fé nada aconteceu até que o poder de Deus viesse para efetuar a ressurreição? Sua fé o manteve estável até o tempo indicado pelo Pai para sua libertação.

Em minha ilustração com o ventilador, digo à platéia: "Posso ter absoluta fé neste ventilador, mas ele não refrescará essa pessoa nem um pouquinho até que esteja conectado à fonte de energia. O mesmo se dá com a fé. Podemos ter toda a fé do mundo, mas isso não nos será de nenhum proveito até que seja ligada à fonte de poder, que é a graça de Deus. Mantenha seus olhos em Deus para livrá-lo – não em sua fé".

Para satisfazer nossas necessidades, para receber qualquer coisa do Senhor, devemos ter, fé e graça. É pela fé, através da graça, que somos salvos. E é pela graça, através da fé que todas as nossas orações são respondidas e todas as nossas necessidades satisfeitas.

Como você, nos últimos dez anos tenho ouvido muito falar sobre fé. Na verdade, ouvi tanto que estava quase me matando tentando crer em Deus pelas coisas sem saber nada sobre a graça de Deus. Eu não sabia como descansar em Deus, como depender de Deus, como confiar totalmente em meu Pai celestial em cada situação da vida. O problema era que eu estava confiando em minha fé, ao invés de confiar em meu Deus.

Se estivermos confiando em nossa fé ao invés de confiarmos em Deus, ficaremos frustrados, tentando fazer com que as coisas aconteçam quando não temos poder para fazer com que aconteçam. Eu estava tentando crer em Deus por cura e prosperidade e uma vida familiar feliz – e não estava funcionando. E não entendia por quê. Então, tentei acreditar mais em Deus, o que me levou a mais fadiga, frustração, engano e infelicidade, desencorajamento e desapontamento.

Veja você, meu erro era que eu estava tentando fazer as coisas acontecerem pela fé, pela minha crença em Deus. Em vez disso, tive de aprender a ir além disso, a depender da graça de Deus. Quando fiz isso, quando desisti de todas as minhas obras, então minha frustração desapareceu. Percebi que não importava quanta fé eu tinha; se Deus não viesse através da minha fé, por sua graça, trazer-me as respostas de que precisava, eu jamais receberia qualquer coisa.

Finalmente, percebi que estava frustrada por uma simples razão – porque estava frustrando a graça de Deus, que é o poder de Deus. Se frustrarmos a graça de Deus, acabaremos frustrados.

Oro para que você esteja entendendo o ponto que estou colocando. Como disse antes, há aqui uma tênue linha que freqüentemente perdemos e se realmente a perdermos, nossa vida fica confusa, quando deveria estar em paz. Creio que posso resumir meus anos de frustração como cristã nesta declaração: eu estava confiando em *minha* fé para satisfazer minhas necessidades. Quando minhas necessidades não foram satisfeitas, então, tentei ter mais fé porque não estava enxergando além da *minha fé*. Tudo parecia estar baseado em *minha fé* quando, na realidade, cada vitória está baseada na fidelidade de Deus.

Lembro-me de que certa vez estava me debatendo sobre minha falta de fé numa área em que precisava da ajuda de Deus. Estava muito ocupada me condenando e sentindo-me culpada, quando o Espírito Santo me conduziu a 2 Timóteo 2.13: *Se somos infiéis, ele permanece fiel, pois de maneira nenhuma pode negar-se a si mesmo.*

Lembra-se do homem que veio a Jesus pedindo-lhe que curasse seu filho? Jesus disse-lhe que todas as coisas são possíveis àquele que crê. O homem respondeu: "Senhor, eu creio! Ajuda-me na minha falta de fé"! Ou "ajuda minha incredulidade", de acordo com a *King James Version*.[2] O homem sa-

---

[2] Versão *King James*. (Nota da tradutora.)

bia que sua fé era fraca, mas foi honesto sobre isso, e Jesus curou seu filho. (Veja Marcos 9.17-24.)

A graça (poder) de Deus entrou em cena e deu ao homem o que ele não merecia.

2
O poder da graça

Ouvindo os adversários [os samaritanos] de Judá e Benjamim que os que voltaram do cativeiro edificavam o templo ao Senhor, Deus de Israel, Chegaram-se a Zorobabel [o então governador] e aos cabeças de famílias e lhes disseram: Deixai-nos edificar convosco, porque, como vós, buscaremos a vosso Deus [como vocês fazem]; como também já lhe sacrificamos desde os dias de Esar-Hadom, rei da Assíria, que nos fez subir para aqui.

Porém Zorobabel, Jesua e os outros cabeças de famílias [de Israel] lhes responderam: Nada tendes conosco na edificação da casa a nosso Deus; nós mesmos, sozinhos, a edificaremos ao SENHOR, Deus de Israel, como nos ordenou Ciro, rei da Pérsia.

Então, [os samaritanos] as gentes da terra [continuamente] desanimaram o povo de Judá, inquietando-o [e perturbando-o] no edificar; Alugaram contra eles conselheiros para frustrarem o seu [propósito e] plano, todos os dias de Ciro, rei da Pérsia, até ao reinado de Dario [II], rei da Pérsia.

Esdras 4.1-5

Neste capítulo, gostaria de compartilhar com você uma mensagem sobre a graça que move montanhas.

Vamos começar nosso estudo do poder da graça, examinando esta cena do Velho Testamento, no livro de Esdras. Aqui vemos as duas tribos de Judá e Benjamim que receberam permissão de Ciro, o rei da Pérsia, para construir um templo ao Senhor. Quando os samaritanos souberam o que estava acontecendo, foram a Zorobabel, o governador, e aos demais líderes do povo e pediram para juntar-se às duas tribos na construção do templo, porque, afirmaram, eles adoravam o mesmo Deus.

Se você verificar, descobrirá que, embora fosse verdade que estes samaritanos estivessem adorando ao Deus de Israel, o faziam por motivos equivocados. Eles faziam isso porque, basicamente, tinham sido ensinados a fazê-lo para manter o mal fora de seu arraial. Essas pessoas não eram israelitas, eram assírias, que simplesmente haviam acrescentado o Senhor Deus de Israel à lista dos outros deuses que cultuavam. Enquanto adoravam o Único Deus Verdadeiro, mantinham seus falsos deuses e ídolos.

Estando os israelitas cientes desse fato, disseram aos samaritanos, seus inimigos de longa data, que eles não tinham nada a ver com a construção de um templo ao Senhor. Quando os samaritanos ouviram isso, ficaram tão irados que começaram a fazer tudo o que estava ao alcance deles para incomodar e trazer problemas aos israelitas, para frustrar seus planos e propósitos.

Então, qual deveria ser a reação do povo de Deus àquele tipo de oposição e perseguição? Creio que a resposta a essa questão é a chave para desfrutarmos a vida de graça que Deus deseja para seu povo.

Se eu e você achamos que podemos fazer tudo para Deus sem atrair problemas para nós, estamos errados. Jesus nos advertiu que nesta vida teríamos tribulações. (João 16.33.) Ele disse que se as pessoas o odiaram e perseguiram, iriam também nos odiar e nos perseguir, porque pertencemos a ele. (João 15.18-20.) Sabemos que não podemos passar pela vida na Terra sem encontrar algum tipo de problema. Além disso, muito freqüentemente, são problemas que nos frustram, fazem-nos miseráveis e infelizes.

Freqüentemente, quando as pessoas vêm a Cristo pela primeira vez, elas subitamente começam a ser atacadas de formas totalmente diferentes do que qualquer coisa que já experimentaram. Muitas vezes elas não entendem o que lhes está acontecendo e por quê. Se elas não tiverem aconselhamento adequado nessa área, a sua falta de compreensão e frustração pode levá-las a desistir e a desviar-se.

Devemos nos lembrar de que o diabo não vai simplesmente sentar-se e permitir que ganhemos terreno sem lutar. A qualquer tempo em que começarmos a fazer progressos na construção do Reino de Deus, nosso inimigo virá contra nós. Muitas vezes o erro que cometemos é o mesmo que cometi no início da minha vida cristã – tentar usar a fé para chegar ao lugar onde há total libertação dos problemas. Tenho certeza de que, a esta altura, você sabe que isso não funciona assim.

O propósito da fé não é impedir que fiquemos sempre livres de problemas. Se jamais tivéssemos qualquer problema, não precisaríamos de fé alguma. Ao me expressar assim, não quero dizer que deveríamos esperar não ter nada mais além de problemas, ou que deveríamos aceitar o problema como nossa forma de vida.

Em nossa própria experiência, meu marido Dave e eu vivemos uma quantidade enorme de vitórias. Mas isso é porque aprendemos a nos defender e a rechaçar o demônio da nossa propriedade, a expulsá-lo das diferentes áreas das nossas vidas. Aprendemos que ficar firme em tempos de dificuldades é a melhor das formas de fazer isso.

Tendo obtido vitória sobre o inimigo, você não pode simplesmente sentar-se e relaxar, assumindo que tudo vai continuar como está. Você deve estar preparado para o contra ataque. Não é suficiente ter uma vitória, você deve estar preparado para manter a vitória conquistada.

Freqüentemente digo às pessoas em meus seminários que ser um cristão vitorioso é um trabalho de tempo integral que jamais acaba. Isso exige que estejamos constantemente atentos. Como os israelitas nessa história, devemos estar prontos para responder aos transtornos causados pelo nosso inimigo.

O que deveria ser nossa resposta ao problema? Como superamos os obstáculos que nosso adversário coloca em nosso caminho? Como movemos montanhas que bloqueiam nossa estrada? Com esforço e luta humanas? Com ira e frustração? Apenas pela fé? Com uma boa confissão? Com horas de oração e estudo da Bíblia?

Vamos verificar a passagem de Zacarias para ver o que a Palavra de Deus tem a nos ensinar nesse assunto.

Graça como poder

Tornou o anjo que falava comigo e me despertou, como a um homem que é despertado do seu sono.

E me perguntou: Que vês? Respondi: olho, e eis um candelabro todo de ouro e um vaso de azeite em cima com as suas sete lâmpadas e [e há] sete tubos, um para cada uma das lâmpadas que estão em cima do candelabro.

Junto a este, duas oliveiras, uma à direita do vaso de azeite, e a outra à sua esquerda [alimentando-o continuamente com azeite].

Zacarias 4.1-3

Zacarias teve uma visão na qual um anjo falou com ele. Nessa visão, ele viu um candelabro de ouro com sete lâmpadas. Havia sete tubos para as lâmpadas e duas oliveiras, uma de cada lado, para alimentar continuamente as lâmpadas com óleo.

Bem, se você é um estudante da Palavra de Deus, sabe que o óleo representa o Espírito Santo, e o Espírito Santo é o poder do Deus Onipotente. No capítulo 1, vimos em Tiago 4.6 que a graça de Deus é o poder do Espírito Santo para vencermos nossas tendências más. Embora não diga isso com tantas palavras, isso significa que a graça é o poder de Deus para satisfazer nossas necessidades e resolver nossos problemas.

Por muitos anos não entendi a graça, então eu era uma cristã completamente frustrada. Como já disse, estava tentando conseguir tudo em minha vida por mim mesma. Estava lutando para mover montanhas do meu caminho, pelo meu próprio esforço humano.

Se estivesse no lugar de Zorobabel e dos israelitas, teria me exaurido tentando construir um templo para o Senhor.

Saberia no fundo do meu coração que o Senhor tinha me dito para erigir o templo. Sendo uma pessoa tão determinada, teria trabalhado até a exaustão, tentando fazer pelos meus esforços o que o Senhor havia me dado a fazer.

Teria também ficado terrivelmente frustrada, porque teria permitido ao diabo, meu inimigo, causar-me constante agonia. Teria despendido toda minha força e energia tentando solucionar um problema que estava além da minha habilidade ou poder. A única coisa que poderia produzir era uma pessoa totalmente cansada, confusa e miserável.

Eu precisava de uma visão como esta dada a Zacarias nesta passagem, na qual o ilimitado poder da graça de Deus é manifestado.

Não por força, nem por poder, mas pelo Espírito

Então, perguntei ao anjo que falava comigo: meu senhor, que é isto?

Respondeu-me o anjo que falava comigo: Não sabes tu que é isto? Respondi: não, meu senhor.

Prosseguiu ele e me disse: Esta [adição do vaso ao candelabro, fazendo-o produzir um incessante suprimento de azeite das oliveiras] é a palavra do Senhor a Zorobabel: Não por força nem por poder, mas pelo meu Espírito [de quem o azeite é um símbolo], diz o Senhor dos Exércitos.

Zacarias 4.4-6

Aqui o Senhor está falando ao mesmo povo que estava tentando construir o templo sobre o qual acabamos de ler no livro de Esdras. Ele está lhes dizendo como deveriam reagir à sua situação frustrante. Ele está lhes dizendo que a sua resposta à dificuldade deveria ser depender não de suas habilidades ou esforços, mas do ilimitado poder do Espírito Santo para resolver seus problemas e as crises que enfrentavam.

O poder de um relacionamento adequado com Deus

Quem és tu, ó grande monte [de obstáculos humanos]? Diante de Zorobabel [que, com Josué tinha conduzido o retorno dos exilados da Babilônia e estava assumindo a reconstrução do templo] serás uma campina [um mero montículo de terra]! Porque ele colocará a pedra de remate [do novo templo], em meio a aclamações: Haja graça e graça para ela!

Zacarias 4.7

Os samaritanos que vieram contra os israelitas quando estes estavam construindo o templo do Senhor tinham se tornado como uma montanha de obstáculos humanos, frustrando-os e impedindo-os de fazer o que Deus lhes havia ordenado.

Essa pode ser a situação em que você se encontra neste momento enquanto lê estas palavras. Você pode estar sentindo que Deus lhe disse para fazer alguma coisa, mas o inimigo lançou uma montanha em seu caminho para frustrá-lo e impedi-lo de cumprir o desejo do Senhor. Se é assim, sei exatamente como você se sente, porque é assim que eu costumava me sentir.

O problema é de perspectiva.

Muitas vezes estamos tão empenhados em lidar com nosso inimigo pela nossa própria força e esforço que perdemos de vista nosso relacionamento com Deus.

Por estranho que isso possa parecer, durante os primeiros anos do meu ministério, creio que gastei mais tempo com Satanás do que com Deus. O que estou dizendo é que, estando constantemente pensando sobre o mal, falando com ele, tentando imaginar o que estava fazendo e como poderia expulsá-lo, eu estava focalizando minha atenção muito mais naquele que estava me causando problemas do que naquele que tinha poder para resolver meus problemas.

Como crentes, não devemos ter nossos olhos fixos no inimigo e em suas ações, mas no Senhor e em seu ilimitado poder. É uma grande tentação deixar-se enredar pelo problema, entrar em questionamento e elucubrações e preocupações. Quando fazemos isso, exaltamos o problema acima do Solucionador de Problemas.

Nessa passagem o Senhor diz a Zacarias que o problema enfrentado pelos israelitas, embora pareça ser uma montanha, é, na verdade, um montículo. O que você acharia se todas as suas montanhas se tornassem montículos? Elas podem, se você fizer o que Deus está dizendo aqui e não olhar para os problemas, mas para o Senhor e seu poder.

Se o Senhor lhe disse para fazer alguma coisa, é certamente sua vontade que você não apenas a comece, mas também que a termine. Mas você jamais terminará sua tarefa dada por Deus se não entender a graça – o poder do Espírito Santo.

Lembre-se, não é por poder ou força, mas pelo Espírito que temos vitória sobre nosso inimigo. Superamos *através* da fé, *pela* graça.

Fé como canal, não como fonte

Em Efésios 2.8,9 vimos que somos salvos pela graça, através da fé. Contudo, precisamos de fé. Mas devemos entender que fé não é o poder que nos salva, é simplesmente o canal através do qual recebemos a graça de Deus, que é o poder do Espírito Santo.

Nesta analogia de Zacarias, a fé é o candelabro, mas a graça é o óleo. Podemos ter todas as lâmpadas do mundo, mas, se não houver óleo para abastecê-las, essas lâmpadas não serão capazes de emitir qualquer luz ou energia.

No capítulo 1, usei o exemplo de um ventilador que tem a capacidade de refrescar alguém, mas apenas se estiver ligado em uma fonte de energia. Aquela ilustração aplica-se à nossa caminhada cristã. Muitas vezes terminamos com uma porção de princípios, métodos e fórmulas, mas sem poder verdadeiro. A razão é porque todos esses princípios, métodos e fórmulas – como a fé – são meros canais por meio dos quais recebemos de Deus. São todos bons e precisamos conhecê-los, mas por si sós não podem resolver nossos problemas.

Precisamos saber sobre a fé. A fé é uma coisa maravilhosa. A Bíblia diz que sem fé é impossível agradar a Deus. (Hebreus 11.6.) A razão de ser tão importante e tão vital é porque ela é o meio mediante o qual recebemos de Deus todas as coisas boas com que ele quer nos suprir. É por isso que o Senhor tem gasto muitos dos últimos anos treinando seu povo em fé. Ele quer que tenham seus olhos postos nele e aprendam a crer nele, de forma que ele possa fazer por eles e por meio deles o que ele quer que seja feito na Terra.

O mesmo é verdade para a oração, louvor, meditação, estudo da Bíblia, confissão, bem-estar espiritual e todos os outros preceitos sobre os quais estamos ouvindo e nos quais estamos nos engajando. Mas em toda nossa atividade espiritual devemos ser cuidadosos para não começarmos a prestar culto — ater-nos a, confiar em e depender de — a essas coisas em vez de ao Senhor.

É possível adorar nosso momento de oração, nosso estudo bíblico, nossa confissão, nossa meditação, nosso louvor, nossas boas obras. É possível desenvolver fé em nossa fé em vez de fé em nosso Deus. É quase amedrontador, porque a linha entre as duas coisas é muito tênue.

Mas o que precisamos nos lembrar é de que, boas como são, essas coisas são apenas canais para receber do Senhor. Como o ventilador em nossa ilustração, elas não têm qualquer utilidade para nós, a menos que estejam ligadas na fonte divina de poder.

Ligue-se!

Meu amado irmão ou minha amada irmã, sugiro que se você é um cristão frustrado e confuso, você não está ligado. Se você está ligado, você tem paz interior, então você sabe que não é por sua força ou poder, mas pelo Espírito do Senhor.

Cada vez que começo a me sentir frustrada, o Senhor fala ao meu coração e diz: "Joyce, você está fazendo de novo". O que estou fazendo? Estou tentando fazer o que apenas ele pode fazer. Estou tentando fazer as coisas acontecerem pela minha própria força e esforço – e me tornando frustrada e confusa nesse processo. Estou tentando mover montanhas pelo meu esforço humano, enquanto deveria estar dizendo: "Graça, graça para a montanha".

Frustração não faz parte da nossa herança divina, tampouco confusão. Como o ventilador em nossa ilustração, jamais conseguiremos nada a menos que estejamos ligados na fonte divina de poder. Como estar ligado? Mediante um relacionamento pessoal com Deus – o que exige tempo.

Não importa quantos princípios e fórmulas aprendamos, jamais teremos qualquer vitória genuína em nossa vida cristã sem gastar tempo em comunhão pessoal, privada, com o Senhor. A vitória não está em métodos; está em Deus. Se quisermos viver vitoriosamente, teremos de olhar além das formas de eliminar nossos problemas e encontrar o Senhor no meio dos nossos problemas.

Nosso Pai celestial sabe que nenhum de nós pode lidar com as situações que enfrentamos continuamente em nossa vida diária, sem a presença permanente e o poder do seu Espírito Santo.

Nenhum de nós pode fazer o que algum outro está fazendo (apenas porque gostaríamos), porque somos todos diferentes. Temos diferentes chamados, diferentes dons, diferentes personalidades e diferentes estilos de vida. Cada um de nós deve estar com o Senhor e permitir que ele nos dirija e guie, dizendo-nos o que devemos fazer em cada uma das situações em que nos encontremos como indivíduos.

Deus tem um plano personalizado para cada um de nós, um plano que nos levará à vitória. Por isso é que princípios, fórmulas e métodos não são a resposta suprema, porque eles não dão espaço para as diferenças individuais das pessoas. Por melhor que essas coisas possam servir como orientação geral, elas não substituem a comunhão com o Deus Vivo.

Em comunhão com Deus

Sei que você quer paz e vitória em sua vida. Como sei? Sei porque você está lendo este livro. Por isso é que o estou direcionando para a fonte de toda paz e vitória – que não são as coisas de Deus, mas o próprio Deus.

Se o diabo tenta manter as pessoas afastadas de alguma coisa, essa coisa é a comunhão com o Senhor. Satanás não está preocupado com quantas lâmpadas temos, desde que não tenhamos óleo para abastecê-las. Ele não está preocupado com quantos ventiladores temos, desde que esses ventiladores jamais estejam ligados à fonte de energia, porque ele sabe que, assim que nos conectamos à fonte de poder divino, tudo está acabado para ele.

Sabe o que acontece quando você gasta tempo com Deus? Você começa a agir como Davi, quando enfrentou o gigante Golias. Começa a tomar posição e a exigir do inimigo: *Quem é, pois, esse incircunciso filisteu, para afrontar os exércitos do Deus vivo?* (1 Samuel 17.26.)

Como soldados da cruz, não se espera que eu e você tenhamos medo do nosso inimigo, o diabo. Em vez disso, devemos ser *fortalecidos no Senhor e na força do seu poder.* (Efésios 6.10.) Quando um espírito de medo aproxima-se, em vez de tremermos como uma folha, devemos ser corajosos como um leão.

O diabo se levanta contra aqueles que estão causando algum prejuízo ao seu reino, aqueles que estão fazendo alguma coisa por Deus. Como nos opomos ao diabo? Cingindo a armadura completa de Deus, tomando *o escudo da fé com o qual podereis apagar todos os dardos inflamados do Maligno, e empunhando a espada do Espírito, que é a palavra de Deus.* (Efésios 6.13-17.) Mas toda essa armadura e todas essas armas vêm como resultado de se passar tempo em comunhão com o Senhor.

Efésios 6.10, na verdade, começa esse discurso sobre a armadura de Deus, dizendo: ...*sede fortalecidos no Senhor [sede fortalecidos através de sua união com ele]*... Para mim, isto significa: "Seja forte pela sua comunhão com o Senhor". Então o verso 11 continua: *Revesti-vos de toda a armadura*... Apenas depois de estarmos fortalecidos na comunhão, podemos vestir a armadura adequadamente.

No meu próprio caso, aprendi a me disciplinar para passar muitas horas a cada dia em comunhão pessoal com meu Pai celestial. O Senhor tem me dito que não há como eu ter uma vida cristã e um ministério bem-sucedidos, se não estiver pronta a dar cem por cento de mim a ele.

Se quero vitória, não tenho escolha; tenho de estar em comunhão com Deus por muitas horas todos os dias – por causa do meu chamado. Talvez o Senhor não peça isso a você. Talvez ele lhe peça apenas uma hora por dia, talvez trinta minutos pela manhã e trinta minutos à noite. Pode ser mais, ou até mesmo menos. Esse tempo varia de pessoa para pessoa. Mas seja qual for a quantidade de tempo que você é chamado a passar com o Senhor diariamente, posso dizer-lhe que se você não está pronto para fazer esse sacrifício, pode esquecer sobre ser vitorioso e desfrutar paz em sua vida cristã. Claro que ainda assim você vai para o céu, porque seu nome está escrito no Livro da Vida do Cordeiro. A salvação não está fundamentada em sua comunhão – está fundamentada no sangue de Jesus. Mas você irá debater-se em lutas todo o tempo em que estiver no mundo.

Eu e você precisamos aprender que é apenas na *presença* do Senhor que recebemos o *poder* do Senhor.

Quando comecei a tentar a passar um tempo com Deus, era difícil para mim. Sentia-me tola e pouco à vontade.

Ficava aborrecida. Sentava-me, bocejava e tentava não dormir. Como qualquer coisa que vale a pena, sentar-se em silêncio na presença do Senhor é uma coisa que exige tempo para se aperfeiçoar. Você tem de persistir. E não é algo que você pode aprender com outra pessoa. Não acho que seja possível ensinar outro ser humano a ter comunhão com o Senhor. Por quê? Porque cada pessoa é diferente e precisa aprender por si mesma como comunicar-se com seu Criador.

Meu tempo de comunhão inclui oração de todos os tipos (pedidos, intercessão, louvor, etc.), leitura de livros que Deus está usando para me ajudar, estudo bíblico, esperar em Deus, arrependimento, choro, riso, receber revelação. Meu tempo com é diferente quase que cada dia.

Deus tem um plano individual para cada pessoa. Se você for a ele e se submeter, ele virá ao seu coração e terá comunhão com você. Ele vai ensiná-lo e guiá-lo no caminho por onde deve ir. Não tente fazer o que uma outra pessoa faz, ou ser o que uma outra pessoa é. Tão-somente permita que o Senhor lhe mostre como deve ter comunhão com ele, então, caminhe enquanto ele dirige sua vida, passo a passo.

Algumas vezes você precisa estocar óleo para o futuro. Isso é, não apenas você deve passar tempo em comunhão com o Senhor dia após dia, mas haverá ocasiões em que você terá de dedicar mais tempo que o usual, porque o Senhor sabe que você está enfrentando uma situação que drenará suas reservas físicas e espirituais.

Lembra-se da parábola que Jesus contou a respeito das dez virgens que compraram suas lâmpadas e foram esperar pela chegada do noivo? Cinco delas eram tolas e compraram óleo suficiente apenas para o momento, enquanto as outras cinco foram suficientemente sábias para comprar óleo extra, caso o noivo se atrasasse. Quando o noivo chegou atrasado, aquelas cujo óleo já havia acabado imploraram às outras que lhes emprestassem um pouco delas, mas elas se recusaram. E porque as virgens tolas tiveram de sair para comprar mais óleo, elas perderam a festa de casamento. (Mateus 25.1-12.)

Não é assim que alguns de nós somos? Não gastamos tempo nem esforço para nos preparar para o que virá. Ficamos sem óleo e tentamos conseguir emprestado daqueles que têm reserva. O Senhor pode permitir isso durante algum tempo, mas cedo ou tarde cada um de nós deve aprender a estocar reservas de óleo para si próprio, para ocasiões futuras.

Se você abrir mão de quinze ou vinte minutos de sono pela manhã para se levantar cedo e buscar a face de Deus, ele honrará esse sacrifício. Se está pronto a desligar a televisão por trinta minutos à noite e passar algum tempo em comunhão com o Senhor, você será ricamente recompensado.

Há tempos em que muito trabalho ou uma situação penosa esgotaram todas as suas reservas e você precisa de "tempo extra" para suprir novamente o que você gastou.

Isso não significa que você jamais será capaz de ter qualquer lazer, ou que você estará sentado em um cômodo com Deus o tempo todo. Ele é um Pai amoroso. Ele quer que seus filhos tenham vida abundante e agradável. Ele não exigirá de você mais do que você é capaz de lhe dar. Ele não é um bicho-papão pronto a fazê-lo infeliz. Ele apenas sabe do que você precisa para ter aquela vida abundante, desfrutável e vitoriosa. Ele também sabe que isso não vem de métodos, mas dele.

Aprenda a seguir rapidamente as indicações do Espírito Santo. Desfaça-se diante dele em particular, antes que você se desfaça publicamente. Gaste tempo com Deus para que você possa permanecer firme enquanto lida com os afazeres diários da vida.

Não por esforço, mas pelo Espírito

O diabo quer que pensemos que podemos comprar a graça de Deus. A graça de Deus não está à venda, porque pela sua própria definição – favor *não merecido* – é um presente.

A graça não pode ser comprada com orações, boas obras, leitura da Bíblia ou ofertas. Não pode ser comprada por se ler, memorizar ou professar as Escrituras. Não pode nem mesmo ser comprada por fé. A graça de Deus é "recebível", mas não comprável.

Antes que o Senhor tomasse conta de mim e começasse a me mudar de dentro para fora, eu era horrível. Não tinha o fruto do Espírito em mim. Pelo contrário, manifestava o fruto da carne: era impaciente, mordaz, rude, descortês, egoísta, egocêntrica, gananciosa, difícil de se conviver – e por aí afora. Mesmo que agora eu esteja salva e batizada no Espírito Santo, mesmo que eu ame a Deus e deseje servi-lo com todo o meu coração, se eu não passasse tempo com ele cada dia como faço, ainda agiria como costumava agir.

Nós, cristãos, devemos aprender o triste fato de que nossa experiência de salvação não nos leva a agir nem um pouquinho melhor do que agíamos antes. Devemos renovar nossa mente com a Palavra de Deus e passar tempo com o Espírito Santo. Se quisermos agir melhor, temos de nos conectar ao Espírito do Deus Vivo. Essa é uma lição que o Senhor me ensinou em minha própria vida e ministério. Se quiser brilhar, preciso permanecer conectada.

Depois de me debater por anos como cristã e pregadora, finalmente coloquei em minha cabeça que não é por minha força e poder, mas pelo Espírito do Senhor que devo viver. O sucesso da minha vida e ministério não depende dos meus esforços, mas da presença e poder daquele que vive sua vida em mim e por intermédio. (Gálatas 2.20.)

Quando me levanto na frente das pessoas em um encontro, principalmente aquele composto de cristãos de todas as diferentes igrejas e denominações, sei que não importa o quanto eu possa estudar e me preparar, não tenho o poder para pregar a Palavra do Senhor por mim mesma. Tenho de depender totalmente da graça do Senhor, deixando tudo com ele, permitindo-lhe fazer em mim e e por meu intermédio, o que não posso fazer em mim e por mim mesma. Claro que estudo e preparo, mas isso mesmo pode não dar certo se ele não estiver presente.

Algumas vezes, em nosso zelo para servir ao Senhor, fazemos muito. Sei que houve épocas quando eu estava superpreparada. Estudava e orava por tantas horas que acabei enredada em mim mesma. Freqüentemente isso acontece porque, apesar de toda a nossa atividade, nada acontece. Mesmo quando Deus aparece e trabalha em nós e por nosso intermédio, algumas vezes não somos agradecidos, porque pensamos que obtivemos resultados por nosso próprio esforço.

Um trabalhador ou um crente?

> Ora, ao que trabalha, o salário não é considerado como favor, e sim como dívida [alguma coisa devida a ele].
>
> Mas, ao que não trabalha [por lei], porém crê [acredita inteiramente] naquele que justifica o ímpio, a sua fé lhe é atribuída como justiça [o padrão aceitável a Deus].
>
> Romanos 4.4,5

Se eu e você despendermos tempo lendo a Bíblia, orando, meditando, fazendo uma confissão positiva ou mesmo estando com o Senhor em um esforço para conseguirmos alguma coisa dele, então nossa comunhão com ele transforma-se em trabalho, e não em graça.

Devemos ter muito cuidado para que, ainda que estejamos agindo pelos métodos certos, nossos motivos sejam puros. Não caiamos na armadilha de pensar que merecemos qualquer coisa boa do Senhor.

De acordo com a Bíblia, não merecemos nada, exceto morrer e passar a eternidade em castigo sem fim. Por quê? Porque aos olhos do Senhor, toda nossa justiça, todas as coisas boas que poderíamos fazer são como trapos imundos. (Isaías 64.6.)

Precisamos olhar para a nossa justiça comparada à justiça do Deus Todo-Poderoso. Se fizermos isso ao invés de comparar nossa justiça com a injustiça dos outros, nos veremos exatamente como somos. Agora não estou falando sobre nos sentirmos mal a nosso respeito. Estou falando sobre saber quem somos em Cristo Jesus, não em nossas próprias obras e esforços.

Como ministro, não mereço desfrutar a unção do Senhor sobre minha vida e trabalho apenas porque passo tempo com ele diariamente. Além de passar tempo com Deus, sei que devo ter a motivação correta. Além de estar em comunhão com o Espírito Santo, preciso estar, paralelamente, no espírito certo. Deixe-me ilustrar.

Houve um tempo em que eu estava tentando ler a Bíblia toda em um ano. Isso pode soar impressionante, mas não era, porque meu motivo era enganoso. Eu não estava fazendo isso porque Deus estava me levando a fazê-lo. Estava fazendo-o para me não ficar atrás em relação às outras pessoas da igreja.

Houve um tempo em que eu estava tentando orar quatro horas por dia. Você acha que o Senhor me deixaria fazer isso? De jeito nenhum! Cada vez que eu começava a orar dormia profundamente ou as coisas sobre as quais orava se esgotavam. Sabe por que o Senhor não me permitiu orar quatro horas por dia? Por que meu motivo não era correto, porque estava fazendo pela razão errada. Eu não estava fazendo isso porque Deus estava me levando a fazê-lo, mas porque alguém tinha vindo à nossa igreja e testemunhado sobre como ela orava quatro horas por dia. Então, pensei: "Louvado seja Deus, vou fazer isso também".

Quero que saiba que determinação e força de vontade podem levá-lo só até aí. Quando a carne malogra – e isso acontecerá –, tudo vai desmoronar, e assim também você.

Se quisermos servir ao Senhor, nossos motivos devem ser corretos. Não devemos buscar ao Senhor e a comunhão com ele por qualquer outra razão a não ser o fato de que o amamos e queremos estar em sua presença. Todas as vezes que começamos a pensar que merecemos alguma coisa porque estamos fazendo alguma coisa por Deus – seja o que for, até mesmo passando tempo com ele –, estamos seguindo um método, e não o Espírito.

Aprendi a não me preparar excessivamente para os encontros. Estudo e oro na medida que a unção do Senhor está sobre mim para fazê-lo. Quando ela se retira, aprendi a parar. Levou um tempo (anos, na verdade) para eu aprender que não poderia merecer ou comprar uma boa reunião com longas horas de preparo. Algumas vezes estudo mais do que outras, mas todas as vezes eu o sigo – não a mim mesma.

Certa vez, quando estava pregando esta mensagem em uma série de conferências, meu marido Dave disse uma coisa muito importante: "Fazendeiro têm fórmulas para plantar, mas não para colher". O que ele queria dizer é que, embora as pessoas possam lançar as sementes, elas não podem fazê-las crescer e produzir uma colheita.

Quando um fazendeiro sai para semear um campo, ele primeiro tem de prepará-lo. Ele tem de revolver o solo, arrancar a grama e as ervas daninhas, arar o solo em sulcos, plantar as sementes e, então, regar e fertilizar. Mas, de acordo com a Bíblia, agricultor nenhum jamais faz com que as sementes germinem e cresçam.

Na parábola do semeador do Evangelho de Marcos, Jesus compara o Reino de Deus a um lavrador que lança sua semente no campo e, então, vai dormir e se levanta noite e dia, e a semente brota e cresce, não sabendo ele como. (Marcos 4.27 RC.)

Veja, não sabemos o que acontece quando a semente é lançada ao solo. Sim, devemos plantar nossa semente. A oração é uma semente. O estudo da Bíblia é uma semente. O preparo é uma semente. A meditação é uma semente. Uma boa profissão de fé é uma semente. Uma oferta é uma semente. Freqüentar a igreja é uma semente. Boas obras são uma semente. Tempo com Deus é uma semente. Mas nenhuma dessas coisas é uma maneira de comprar a graça de Deus, porque sua graça é um presente.

Não ganhamos o favor de Deus pelo nosso trabalho; nós o recebemos como presente. As bênçãos de Deus vêm sobre nós não por obras, mas por graça, por meio da fé.

Todas as vezes que nos encontramos enredados pelo nosso ego e pelos nossos próprios interesses, estamos em terreno perigoso. Devemos ir além de nós mesmos, de nossas obras e esforços e manter nossos olhos fixos em Deus e em sua graça concernente a nós.

Fé em Deus

Ao que Jesus lhes disse: Tende fé em Deus [constantemente];

Porque em verdade vos afirmo que, se alguém disser a este monte: Ergue-te e lança-te no mar, e não duvidar no seu coração, mas crer que se fará o que diz, assim será com ele.

Marcos 11.22,23

Note que nesta passagem a primeira coisa que Jesus nos diz para fazer é ter fé (constantemente) em Deus – não em nossa fé ou credo.

Houve um tempo em minha vida em que me encontrava tão envolvida com fé e confissão que estava convencida de que se dissesse alguma coisa ela tinha de acontecer porque eu disse. Meu erro foi pensar que eram minha fé e minha confissão que faziam acontecer aquilo que dizia. Esqueci-me de que para receber qualquer coisa de Deus eu precisava pôr minha confiança nele, e não em minhas palavras ou ações. O Senhor precisou me ensinar a manter os olhos nele, e não em um método ou fórmula. Creio na confissão da Palavra. Ensino e faço isso diariamente. Deus trabalha por intermédio dela, e minha fé permanece nele, não em meu credo.

Deus é capaz

Ora, àquele que é poderoso para fazer infinitamente mais do que tudo quanto pedimos ou pensamos, conforme o seu poder que opera em nós.

Efésios 3.20

Esse é um versículo poderoso. Se você meditar nele, penso que verá que é o que chamo de "tremendo."

O que esse verso nos diz é que nosso Deus é capaz – capaz de fazer muito acima e além de qualquer coisa que possamos jamais ousar esperar, pedir ou mesmo pensar.

Precisamos orar, fazer o pedido. Lembre-se de que eu disse no início do livro: "Não temos porque não pedimos". Nosso trabalho é fazer o pedido em fé, em confiança.

Isso abre o canal. Mas é Deus que faz o serviço, não nós. Como ele faz isso? *De acordo com o* (ou pelo) *poder* (ou graça de Deus) *que opera em nós*.

Creio sinceramente que seja o que for que recebamos do Senhor está diretamente relacionado com a quantidade de graça que costumamos receber.

Vimos que graça é poder. Agora eu gostaria de examinar como a graça ou poder de Deus podem ser aplicados para resolver situações específicas na vida. A primeira coisa que gostaria de discutir é como receber a graça de Deus para mudar a nós mesmos.

Você está se debatendo com mudanças que precisam ser feitas em sua própria personalidade? Você fica frustrado e confuso, tentando acreditar e ter fé e confessar e fazer todas as coisas certas para ocasionar mudança em você e em sua vida, entretanto isso parece nunca acontecer? Você acaba mais frustrado e confuso do que estava quando começou?

Como lhe disse, isso é o que estava acontecendo comigo. Eu estava colocando um inacreditável estresse em mim mesma, tentando mudar. Estava sob tremenda condenação, porque cada mensagem que ouvia parecia estar me dizendo para mudar, embora não conseguisse a despeito de tentar, crer ou confessar com todo o empenho e esforço. Estava em uma confusão terrível, porque via todas as coisas à minha volta que precisavam ser mudadas, mas era impotente para operar aquelas mudanças.

Não sei sobre você, mas eu sou a Senhora Conserto. Sempre que há alguma coisa errada, a primeira coisa que quero fazer é ir lá e consertar. Eu queria mudar tudo que via de errado em mim e em minha vida, mas por alguma razão não conseguia. Pensei que era o demônio impedindo-me. Mas descobri que era o próprio Senhor que não me deixava mudar. Por quê? Porque eu estava tentando fazê-lo sem ele, para que pudesse ficar com os créditos e a glória que por direito pertenciam a ele.

Quando você terminar de ler este livro, terá aprendido pelo menos uma coisa: O motivo pelo qual as pessoas não têm um coração agradecido. Verá claramente que nós, humanos, não merecemos a menor das bênçãos de Deus. Uma vez que você entenda essa verdade inteiramente, cada vez que alguma coisa boa acontecer em sua vida, ao invés de se gabar e tomar o crédito por ela por causa de sua grande fé ou confissão ou outras obras, você automaticamente responderá: "Obrigado, Deus"!

Eu costumava perguntar ao Senhor: "Pai, fiz tudo certo; por que não funcionou"? A resposta, certamente, foi porque eu estava enredada em mim mesma e naquilo que estava fazendo em vez de manter minha atenção fixa no Senhor e no que ele estava fazendo por mim pela sua grande misericórdia, amor e graça.

Pedir a Deus *versus* fazer você mesmo

Quero apenas saber isto de vós: recebestes o Espírito [Santo] pelas obras da lei [como resultado de obedecer à Lei e fazer suas obras] ou pela pregação [ou foi por ouvir a mensagem do Evangelho e crer nela] da fé [foi por observar a lei de rituais ou por uma mensagem de fé]?

Sois assim insensatos [e tão tolos e imprudentes] que, tendo começado [sua nova vida espiritualmente] no Espírito [Santo], estejais, agora, vos aperfeiçoando na [pela dependência da] carne?

Terá sido em vão [sem propósito] que tantas coisas sofrestes [e experimentastes tanto]? Se, na verdade, foram em vão [foram, de fato, sem propósito].

Aquele, pois, que vos concede o [maravilhoso] Espírito e que [poderosamente] opera milagres entre vós, porventura o faz pelas obras da lei ou pela pregação da fé [por acreditar e aceitar e confiar e depender da mensagem que ouvistes]?

Gálatas 3.2-5

No verso 2, Paulo está perguntando aos crentes de Gálatas: *Recebestes o Espírito [Santo] pelas obras da lei [como resultado de obedecer à Lei e fazer suas obras] ou pela [por ouvir a] pregação [e dizer: 'creio nisso']?*

Então, no verso 3 ele lhes pergunta de novo: *Sois assim insensatos [e tão tolos e imprudentes] que, tendo começado [sua nova vida espiritualmente] no Espírito [Santo], estejais, agora, vos aperfeiçoando na [pela dependência da] carne?*

Quando o Senhor estava me dando esta mensagem, essa foi uma das passagens reveladas por ele que causaram um poderoso impacto na minha vida. Vi que eu tinha recebido o Senhor pela fé, mas estava tentando me aperfeiçoar dependendo da minha própria carne. Estava tentando mudar a mim mesma e a minha vida por esforço humano, ao invés de crer inteiramente nele.

Claro que o esforço tem seu lugar na vida cristã. Ele tem um papel a desempenhar. Mas, mesmo assim, qualquer coisa feita fora da graça de Deus não terá qualquer valor real duradouro.

A seguir Paulo pergunta aos Gálatas: *Terá sido em vão [sem propósito] que tantas coisas sofrestes [e experimentastes tanto]? Quereis realmente voltar agora e começar o processo de santificação todo de novo?*

Nos primeiros anos da minha vida e de meu ministério, sofri terrivelmente. Sempre que nos envolvemos com obras, isso é o que acontece conosco.

Finalmente, no verso 5 Paulo conclui seu argumento, perguntando: *Aquele, pois, que vos concede o [maravilhoso] Espírito e que [poderosamente] opera milagres entre vós, porventura, o faz pelas obras da lei ou pela pregação da fé [por acreditar e aceitar e confiar e depender da mensagem que ouvistes]?*

Pode parecer ridículo, mas quando eu estava tão frustrada e confusa tentando mudar a mim mesma, jamais me ocorreu pedir ao Senhor para me transformar — e, então, deixar isso com ele. Eu era como alguém que fala muito. Quando o Espírito Santo vem e convence aquela pessoa dizendo "Você precisa aprender a ficar quieta algumas vezes", o que ela deveria dizer? Ao invés de argumentar ou justificar-se, ela deveria dizer: "Estás certo, Senhor. Eu falo muito. Tu me conheces, Pai. Esta minha boca tem estado fora de controle por muito tempo. Não acho que há qualquer esperança de colocá-la sob controle sem ti. Por favor, ajuda-me; se assim não for, estou fadada a falhar de novo".

O Senhor deve ser nossa Força e nosso Suprimento. Isso é uma coisa que tive de aprender do jeito mais difícil.

Embora soubesse que havia muitas mudanças que precisavam ser efetuadas em minha vida, jamais me ocorreu que Deus era o único que poderia fazê-las acontecer. Eu não sabia o suficiente para colocar minha face diante do Senhor de forma regular e dizer: "Pai, estou descontrolada. Não posso me ajudar. Estou vindo a ti como uma criancinha. Estou totalmente impotente. Coloco esta situação diante de ti, pedindo-te a tua graça. Não mereço tua ajuda, Pai, mas és minha única esperança. Por favor, faze por mim o que não posso fazer sozinha".

Muitas vezes pediremos a ajuda de Deus apenas se acharmos que fizemos alguma coisa para merecê-la ou ganhá-la. Tive de aprender a dizer: "Pai, embora não seja merecedora da tua ajuda, sei que isso não vai funcionar, a menos que acrescentes o teu poder".

Se você fala muito, apenas Deus pode ajudá-lo. A Bíblia diz em Tiago 3.8 que homem nenhum pode domar sua língua. Outro exemplo seria se precisássemos perder peso. Você pode escolher a dieta correta, mas sem o poder de Deus você fracassará muitas e muitas vezes. Pode funcionar para outra pessoa, mas não para você. O próprio Senhor pode impedir que funcione para você – a menos que você esteja desejoso de permitir-lhe efetuar a mudança e receber todo o crédito e toda glória.

Quando aprenderemos a pedir ao Senhor, ao invés de tentar tudo por nós mesmos?

De glória em glória

Ora, o Senhor é o Espírito; e, onde está o Espírito do Senhor, aí há liberdade [emancipação da escravidão, libertação].

E todos nós, com o rosto desvendado, [porque continuamos] contemplando [na Palavra de Deus], como por espelho, a glória do Senhor, somos transformados, [em um esplendor crescente e] de glória em glória, na sua própria imagem, como pelo [por que isso vem do] Senhor, [que é] o Espírito.

2 Coríntios 3.17,18

Note que nossa liberdade, nossa emancipação e nossa libertação da escravidão não vem de nós mesmos, mas do Espírito de Deus à medida que continuarmos a olhar para a glória de Deus. Enquanto continuamos em sua Palavra, ele nos transforma. O crédito é dele, não nosso.

A obra é do Senhor!

Estou plenamente certo [e seguro disto] de que aquele que começou boa obra em vós há de com-

pletá-la [a boa obra e aperfeiçoá-la] até ao dia de Cristo Jesus [até o tempo de sua volta].

Filipenses 1.6

Foi Deus que começou esta boa obra em nós. Ele a iniciou e ele vai terminá-la. Ele está trabalhando em nós neste exato momento, desenvolvendo, aperfeiçoando e completando a boa obra que iniciou. Uma vez que ele é o único que pode fazer isso, podemos descansar. A pressão não está em nós, porque é trabalho do Senhor, não nosso. Creio que esta verdade nos levará a descansar em Deus. Assim que tivermos seu descanso e na paz, poderemos entrar em sua alegria.

Olhando para Jesus, não para nós pesmos

Olhando firmemente [sem que nada vos distraia] para o Autor e Consumador [trazendo a fé à maturidade e perfeição] da fé [dando-nos o primeiro incentivo para nossa crença], Jesus [que é o Líder e a Fonte e], o qual, em troca da alegria que lhe estava proposta, suportou a cruz, não fazendo caso da ignomínia, e está assentado à destra do trono de Deus.

Hebreus 12.2

Quero encorajá-lo a manter seus olhos longe de você e de seus problemas e disso fixá-los firmemente em Jesus e seu poder. Ele já sabe o que está errado em você. Ele está pronto, desejoso e é capaz de efetuar as mudanças que precisam ser feitas em você e em sua vida. Ele vai trazer-lhe maturidade e perfeição – se você tão somente pedir-lhe e depender dele para fazê-lo.

Em meu caso, eu não ia ao Senhor com minha lista de coisas erradas em mim. Eu achava que por causa de todas essas coisas terríveis o Senhor não teria (ou não poderia ter) nada comigo até que elas fossem mudadas.

Isso é o que as pessoas fazem muitas vezes. Elas se afastam do Senhor por causa de seus pecados, falhas e erros. Quando elas se voltam para a Palavra e são convencidas do pecado, na verdade elas colocam uma distância entre elas e o Senhor porque se sentem tão mal a respeito de si próprias que não podem suportar estar na presença dele. Isso é um erro. A Palavra de Deus nos convence para que sejamos atraídos a ele, não para que sejamos afastados dele.

Sou muito grata porque o Senhor não me repeliu por causa das minhas faltas. Em vez disso, ele me atraiu e começou a me transformar naquilo que queria que eu fosse. Tudo que precisei fazer foi desejar ser transformada, ser santificada – e pedir-lhe para fazer isso e, então, me manter fora das "obras da carne" e esperar nele. Recebemos as promessas pela fé e pela paciência. (Hebreus 6.12.)

A Deus seja a glória!

Abstende-vos [evitai e mantende-vos afastados] de toda forma [e de todo o tipo] de mal.

O mesmo Deus da paz vos santifique em tudo [e vos separe das coisas profanas, faça-vos puros e inteiramente consagrados a Deus]; e o vosso espírito, alma e corpo sejam conservados [e encontrados] íntegros e irrepreensíveis na vinda de nosso Senhor Jesus Cristo [o Messias].

Fiel [absolutamente digno de confiança] é o que vos chama [a si mesmo], o qual também o fará [realizará seu chamado consagrando-vos e guardando-vos].

1 Tessalonissenses 5.22-24

O verso 22 de 1 Tessalonissenses costumava me amedrontar e intimidar. Eu lia coisas do tipo *abster-se* (manter-se longe) *do mal* e instantaneamente tinha um novo trabalho nas minhas mãos. Eu não sabia que o Senhor era meu Guardador e Santificador. Achava que era meu trabalho guardar-me e santificar-me, fazer-me pura e inteiramente consagrada e irrepreensível.

No verso 23, a palavra *santificar* significa simplesmente "tornar santo".[1] Quem faz isso? O próprio Deus da paz.

Observe que o verso 24 nos diz que o Deus que nos chamou a si próprio é fiel e inteiramente digno de confiança. Ele fará isso! Fará o quê? Ele completará seu chamado em nossa vida, consagrando-nos (santificando-nos) e nos guardando.

Isso pode parecer uma contradição. Primeiro, Paulo nos diz que devemos nos abster do mal e então, no próximo verso, ele diz que o Senhor fará isso por nós. Nesse caso, qual é a nossa parte?

Crer!

Isso é o que quero dizer quando digo que a fé é o canal por meio do qual recebemos as bênçãos do Senhor. E uma dessas bênçãos é a santificação, a pureza de mente e de coração, a consagração e a manutenção da nossa alma.

Uma vez que é o Senhor quem efetua todas essas obras em nós e por nós, ele quer que a glória seja dada a ele, e não a um conjunto de princípios, métodos e fórmulas.

Por isso cantamos: "A Deus seja a glória, porque ele tem feito grandes coisas!"

Crentes são conquistadores

Trabalhai [ou parai de labutar e produzir], não pela comida que perece [e se decompõe], mas [lutai e

---

[1] FERREIRA, Aurélio Buarque de Holanda. *Novo dicionário aurélio século XXI*.

trabalhai e produzi] pela que subsiste [dura] para a vida eterna, a qual o Filho do Homem vos dará [providenciará]; porque Deus, o Pai, o [autorizou e] confirmou com o seu selo [de endosso].

Dirigiram-se, pois, a ele, perguntando: Que faremos para [habitualmente] realizar as obras de Deus? [O que devemos fazer para realizar as obras que Deus pede?]

Respondeu-lhes Jesus: A obra [o trabalho] de Deus é esta: que creiais² naquele que por ele foi enviado [que vós vos agarreis, confieis, dependais e tenhais fé em seu Mensageiro].

João 6.27-29

Não posso lhe contar quantas vezes disse ao Senhor: "Pai o que queres que eu faça? Se tu tão-somente me mostrares o que fazer, eu o farei alegremente".

Eu era uma executora. Tudo o que alguém precisava fazer era mostrar-me o que precisava ser feito e eu fazia – e fazia-bem feito. Mas o que me frustrava e confundia era quando fazia alguma coisa da forma certa e, ainda assim, não funcionava.

"O que precisamos fazer para executar as obras de Deus?"– as pessoas queriam saber. Ninguém lhes tinha dito para executar os planos de Deus; essa foi idéia deles. Deus é suficientemente grande para executar seus próprios planos.

É assim que somos. Ouvimos sobre as poderosas obras do Senhor e imediatamente nossa reação é: "Senhor, apenas mostra-me o que fazer para efetuar essas obras".

---

² Grifo da autora

Qual foi a resposta de Jesus a essas pessoas? "Este é o trabalho que Deus exige de vocês, que creiam."

Bem, quando o Senhor inicialmente revelou esta passagem a mim, pensei que ele finalmente me mostraria o que fazer para ser bem sucedida fazendo suas obras. E, de certa forma, ele o fez.

Ele me disse: "Creia".

"Queres dizer que é só isso?" –, perguntei.

"Sim," ele respondeu, "só isso."

Espera-se que sejamos realizadores, e nós somos. Mas a forma de realizarmos é crendo. Isso nos liberta de preocupações e questionamentos.

3
Libertação da preocupação e do questionamento

Deixo-vos a paz, a minha [própria] paz vos dou [lego em herança]; não vo-la dou como a dá o mundo. Não se turbe o vosso coração, nem se atemorize. [Não vos permitais ficar agitados e preocupados; e não vos permitais ficar com medo e intimidados e acovardados e ansiosos].

João 14.27

É óbvio em passagens como essa que Deus quer que seus filhos sejam libertos das preocupações e de questionamentos.

De acordo com os dicionários, preocupação significa atormentar-se com pensamentos perturbadores; sentir-se desconfortável, ansioso e perturbado; ou atormentar-se com aborrecimentos, cuidados ou ansiedades. Em geral, é isso que temos em mente quando falamos sobre preocupação.

Entretanto, em inglês há outro significado para esta palavra que vale a pena ser ponderado. Ele não tem a ver com um estado ou condição mental ou emocional, mas com uma atividade física. Significa, também, o ataque do cão a dentadas, laceração de sua presa (caça).

Todos nós já vimos um cachorro ou gato pegar um animal menor em sua boca e sufocá-lo até a submissão. Aplicado ao reino espiritual, vimos também como o diabo tenta nos roubar a paz que nos foi deixada por Jesus, agarrando-nos pela garganta, sacudindo-nos e dilacerando-nos até que nos submetamos.

Então, preocupação não é apenas alguma coisa que fazemos a nos mesmos, é algo que o inimigo nos faz — se permitirmos.

A outra palavra com que estamos trabalhando neste capítulo é *questionamento*. Prefiro minha própria definição àquelas que encontrei por aí. Para mim, questionamento é o interminável revolver da mente em torno de uma situação, buscando conhecimento e entendimento.

Não é essa uma boa descrição do que acontece quando eu e você colocamos um problema na nossa mente? Quando alguma coisa está nos incomodando, não ficamos revolvendo-a em nossos pensamentos, procurando interminavelmente por algum tipo de resposta ou solução para ela?

Embora a preocupação seja, quase sempre, inteiramente negativa e sem sentido porque jamais produz nada de bom, algumas vezes o questionamento pode *parecer* ser positivo e produtivo. Podemos sentir que resolvemos a situação. Podemos experimentar algum tipo de paz, porque pensamos que encontramos uma saída para lidar com o que quer que esteja nos aborrecendo. Essa é, em geral, uma falsa paz que não dura, porque estamos tentando resolver um problema dependendo do nosso próprio entendimento, ao invés de depender do Senhor.

Dependa do Senhor, não de si próprio

Confia no [Lança-te ao, dependa do] SENHOR de todo o teu coração [e mente] e não te estribes no teu próprio entendimento [e compreensão].

Reconhece-o [e dá-lhe o mérito] em todos os teus caminhos, e ele endireitará [tornará retas e planas] as tuas veredas.

Não sejas sábio aos teus próprios olhos; [reverentemente] teme [e dá culto] ao SENHOR e aparta-te [inteiramente] do mal.

Provérbios 3.5-7

Quando o escritor desse provérbio nos diz, no verso 7, para não sermos sábios aos nossos próprios olhos, ele quer dizer que não devemos pensar que temos a capacidade para resolver tudo que está acontecendo em nossa vida. Não temos a capacidade de produzir todas as respostas de que precisamos para viver vitoriosamente neste mundo.

Admito que na maior parte da minha vida fui uma "resolvedora". Estava sempre pensando e raciocinando. Para mim, não era suficiente saber o que Deus estava fazendo; eu também precisava saber quando e como ele o faria.

Se o Senhor fizesse alguma coisa que eu não esperava que acontecesse, eu queria saber como ele a tinha feito. Se alguém me abençoasse anonimamente, ficaria acordada à noite, tentando imaginar quem era a pessoa que havia me abençoado.

Finalmente, um dia o Senhor me deu uma pequena revelação nesse assunto. Ele me disse: "Joyce, você não tem a metade da esperteza que julga ter. Você acha que tem uma porção de coisas calculadas, mas, na verdade, você as tem no nicho errado".

Soube imediatamente do que ele estava falando. Em meu escritório, tínhamos pequenas caixas de correspondência para cada funcionário. Freqüentemente, eu colocava uma correspondência na caixa de alguém, esperando que aquela pessoa trabalhasse nela. Mais tarde, quando descobria que a pessoa não havia feito o que eu pedi, perguntava: "Você não apanhou a mensagem que coloquei em sua caixa"? Algumas vezes eu descobria que a pessoa não havia recebido a mensagem porque eu a havia colocado na caixa errada. Deus estava me dizendo naquela revelação que a mesma coisa estava acontecendo em outras áreas da minha vida.

O Senhor usou aquele exemplo da minha própria experiência para mostrar-me que eu estava gastando muito tempo e energia preocupando-me e questionando, tentando resolver e controlar tudo o que estava acontecendo em minha vida. Ele me mostrou que algumas vezes achamos que temos tudo resolvido e descobrimos seis meses ou um ano mais tarde que as coisas não eram do jeito que pensávamos.

Isso é o que o escritor do livro de Provérbios nos está ensinando nessa passagem, quando diz que não devemos depender do nosso próprio entendimento, mas esperar e ter confiança no Senhor. Mas como saber se estamos dependendo de nós mesmos ao invés de depender do Senhor?

Em Provérbios 16.9, lemos: *O coração do homem traça o seu caminho, mas o SENHOR lhe dirige os passos [e os torna seguros].* É sábio planejar nosso trabalho e, então, trabalhar nosso plano. Entretanto, nos é dito que é Deus, não nosso planejamento, que traz sucesso. Então, onde está o equilíbrio aqui?

Sabemos que não conseguiremos fazer nada se não tivermos algum tipo de plano. Em Efésios 5.17, o apóstolo Paulo nos adverte: *Por esta razão, não vos torneis insensatos [e insensíveis e tolos], mas procurai compreender [e alcançar firmemente] qual a vontade do Senhor.*

Sem um plano, jamais terminaríamos a escola, não encontraríamos trabalho, não nos casaríamos, não teríamos filhos, não economizaríamos dinheiro, não compraríamos um carro, não construiríamos uma casa, não sairíamos de férias nem faríamos nenhuma das coisas que fazemos na vida. Sem um plano, não estudaríamos a Palavra de Deus, não oraríamos, não iríamos à igreja nem faríamos qualquer coisa para crescer em nosso relacionamento com Deus. Então, não há discussão sobre o fato de que precisamos planejar. O problema não está nosso planejamento, mas em nossa preocupação e questionamento.

Cuidado com o excesso

Tenho um ditado que creio valer a pena recordar: *O excesso é o parque de diversão do diabo.*

Freqüentemente, nosso problema não é o planejamento *normal*, mas o planejamento *excessivo*. Qualquer coisa fora de equilíbrio se torna um problema. Nós nos deixamos enredar tanto por detalhes que perdemos de vista o quadro total. Deixamos-nos envolver tanto em administrar cada minúsculo aspecto da nossa vida diária que nos esquecemos de viver e de desfrutar a vida.

E isso é excesso.

Posso dar-lhe uma simples dica para ajudá-lo a decidir se você passou do planejamento e preparação normais à preocupação e questionamento: se ficar frustrado e confuso, você foi longe demais. Quando o Senhor me deu esse perfil para minha própria vida, isso realmente me ajudou.

Lembre-se: cada vez que se sentir frustrado e confuso, é sinal de que está fora da graça e dentro das obras. Quando você tem um problema em sua vida com o qual não está sabendo lidar, o que você precisa não é mais cálculo e questionamento, mas mais graça. Se você não consegue enxergar a solução para o seu problema, então precisa que o Senhor a revele a você. Quanto mais se preocupar e questionar, mais se afligirá, se extenuará e revolverá o problema em sua mente, e será mais improvável que enxergue a solução para ele.

Você precisa ouvir o Espírito, e, quanto mais se voltar para a carne, menos provável será que reconheça a resposta de Deus para seu problema. A Palavra de Deus nos manda seguir a paz. (Hebreus 12.14.) Questionamento não produz paz. Produz confusão.

A paz de Deus

Seja a paz [harmonia na alma que vem] de Cristo o árbitro [aja como juiz continuamente] em vosso coração [decidindo e resolvendo completamente todas as questões que vos vierem è mente, nesse estado de paz], à qual, também, fostes chamados [para viver como membros de Cristo] em um só corpo; e sede agradecidos [apreciativos, dando sempre louvor a Deus].

Colossenses 3.15

Que paz para mim foi aprender que não tenho de ter solução para tudo. Fico feliz em dizer que fui resgatada do questionamento. Se pude ser resgatada do questionamento, você pode ser também, porque eu era a campeã mundial do questionamento. Tinha de ter uma razão para cada coisa. Gastei minha vida toda trabalhando minha mente, tentando calcular o que fazer.

Você deve perceber que a carne gosta desse tipo de coisa. Claro, certos tipos de personalidade – como a minha – são mais questionadoras que outras. Pensadores gostam de se sentar e ruminar sobre seus problemas, tentando descobrir como lidar com eles. Eu, com certeza, fazia isso. Começava cada dia sentando-me com uma xícara de café e irmanando-me com meus problemas.

Você está tendo comunhão com seus problemas ou com o Senhor? Você está nas obras ou na graça?

Graça *versus* obras

E, se é pela graça, já não é pelas obras; do contrário, a graça já não é graça. [Mas se é pelas obras, já não é pela graça; do contrário a obra já não é obra].

Romanos 11.6

O que o apóstolo Paulo está nos dizendo nesse verso é simplesmente isto: graça e obras estão diametralmente opostas uma à outra. Não podem ter comunhão ou qualquer outra coisa entre elas.

Colocado de outra forma, graça e obras são mutuamente exclusivas. Onde existe uma, a outra não pode existir.

Se eu e você estamos nas obras, então estamos fora da graça. Se estamos na graça, então estamos fora das obras. Sempre que vamos para as obras, a graça de Deus cessa de operar em nosso favor. Deus não tem escolha, exceto afastar-se e esperar até deixarmos de tentar resolver as coisas por nós mesmos.

Enquanto continuarmos tentando resolver nossos problemas, ficaremos mais e mais frustrados e confusos. A razão é porque estamos tentando operar sem a graça de Deus — e isso jamais será bem-sucedido.

No meu ministério, o pedido de oração que recebo mais freqüentemente é por orientação. Muitas pessoas simplesmente parecem não saber o que fazer. Estão frustradas e confusas pelas situações que enfrentam na vida diária. Precisam de ajuda, e não sabem onde procurar. Precisam de respostas, e não sabem onde encontrá-las.

Jamais me esquecerei de quando o Senhor começou a tratar esse assunto comigo. Naquela época, eu estava realmente orando e pedindo a Deus discernimento. Bem, você deve compreender que discernimento não vem da cabeça, mas do coração, do "homem interior". (Efésios 3.16.) Discernimento é simplesmente sabedoria de Deus para qualquer situação da vida. É um "conhecimento espiritual" para lidar com as coisas.

Se tenho um problema, não preciso tentar resolvê-lo, preciso de discernimento. Preciso ouvir ao Senhor. Preciso da palavra de Deus para minha situação. Preciso dele para mostrar-me o que fazer.

Enquanto eu estava orando e pedindo discernimento a Deus, o Senhor me disse: "Joyce, você jamais terá discernimento, enquanto não desistir do questionamento."

Veja bem, o Senhor não disse: "Até que eu a livre do seu questionamento"; ele disse: "Até que você desista do seu questionamento".

Se você está tentando resolver tudo na vida, deve perceber que isso é apenas um hábito, um mau hábito, que você terá de quebrar. Sua mente pode ser como a minha era. Assim que um problema ou uma situação aparecia, imediatamente eu tentava entrar em ação e imaginar uma solução. Se for assim, você precisa libertar sua mente desse tipo de reação habitual.

Como eu disse, se você está frustrado e confuso, esse é um sinal seguro de que você tem se excedido, que está dependendo das obras ao invés de depender da graça.

A confusão não vem de Deus. A Bíblia diz que Deus não é autor de confusão, mas de paz. (1 Coríntios 14.33.) Assim que começar a se sentir frustrado e confuso, assim que começar a perder seu senso de paz interior, você precisa dizer a si próprio: "Oh, Oh, Fui longe demais"! Você precisa perceber que está fora da graça e dentro das obras. Precisa desistir de seus esforços e confiar totalmente no Senhor, deixando sua situação inteiramente nas mãos dele.

Assim que você se volta do seu questionamento para a graça de Deus, abre um canal de fé, por meio do qual ele pode começar a revelar-lhe o que você precisa saber para tratar com o problema ou circunstância. Entre no descanso de Deus e você começará a ouvir suas respostas.

Lembre-se: preocupação e questionamento não fazem nada exceto causar mais frustração e confusão. Você não precisa preocupar-se nem questionar, precisa ficar em silêncio e ouvir. Você jamais atingirá qualquer progresso real em ouvir a Deus enquanto não lidar adequadamente com seu excessivo questionamento.

O que nos diz o apóstolo Paulo em Romanos 11.6? Ele diz que se estamos nas obras, então estamos fora da graça de Deus, porque obra e graça não têm nada a ver uma com a outra.

Em Zacarias, capítulo 4, os israelitas estavam tentando terminar um templo que estavam construindo ao Senhor. Os samaritanos lhes pediram para deixá-los se juntarem a eles na construção do templo a Jeová, mas a resposta dos israelitas foi: "Não, vocês não têm parte conosco neste projeto". Essa é a atitude que devemos ter em relação às obras: obras não têm parte com a graça. Você deve dizer: "Obras, vocês não têm parte na minha vida. Eu vivo pela graça".

Os israelitas ficaram perturbados e frustrados por uma montanha de obstáculos humanos. O Senhor deu-lhes uma palavra de instrução sobre como tirar aquela montanha do caminho deles. Ele lhes disse: *Não por força, nem por poder, mas pelo meu Espírito.* (Zacarias 4.6.) Mais tarde ele disse: *Haja graça e graça para a montanha!* (Zacarias 4.7.)

Não devemos tentar desgastar a montanha com um martelo, devemos falar-lhe em alta voz: "Graça, graça"!

Onde as obras falham, a graça sempre obtém sucesso.

Uma palavra do Senhor

Algum tempo atrás, pouco antes de um encontro em que eu estava ensinando este mesmo assunto, alguém entregou ao meu marido uma palavra escrita de Deus e pediu-lhe que a entregasse a mim. Tenho certeza de que aquela pessoa não tinha qualquer idéia da direção que eu daria àquela reunião, mas a mensagem certamente estava de acordo com ela. Estava também de acordo com uma profecia que o Senhor havia me dado mais cedo, a qual vou compartilhar com você mais tarde neste capítulo.

Ambas as mensagens são divinamente ungidas, então, recomendo-lhe com insistência que as leia cuidadosamente para discernir e digerir o que o Senhor está nos dizendo nessas palavras. A primeira começa:

Quero que você encare a montanha
para que possa ver que,
quando a montanha sair do caminho,
tudo o que resta sou eu.

O Senhor está sempre lá. Mas algumas vezes a montanha parece ser maior do que é. Por isso eu o encorajo a falar à montanha, mas manter seus olhos no Senhor.

O que o Senhor pretende quando nos insta a enfrentar a montanha? Ele quer dizer que não devemos ter medo ou ficarmos intimidados pelo tamanho do obstáculo com que nos defrontamos na vida.

Eu e você precisamos crescer até o ponto de não termos mais medo do inimigo ou de suas obras. Não tenha medo do diabo, nem dos problemas que ele causa. Saiba que pelo poder do Espírito Santo você pode enfrentar qualquer montanha e removê-la do seu caminho.

Sempre tentamos impedir os obstáculos. Estamos constantemente fugindo de coisas que se opõem a nós. Quando fazemos isso, estamos na realidade fugindo do inimigo, porque é ele que lança tais obstáculos com esse exato propósito – fazer com que fiquemos com medo e desistamos.

Por isso Efésios 6.11-17 diz que devemos vestir toda a armadura de Deus e tomar o escudo da fé e a espada do Espírito, que é a Palavra de Deus, com a qual podemos resistir ao inimigo que vem nos atacar. Mas você alguma vez já se deu conta de que não há nenhuma parte da armadura para cobrir as nossas costas. Sabe por quê? Porque Deus não achou que precisaríamos disso; ele jamais espera que nos voltemos e fujamos.

Não devemos virar as costas e fugir do inimigo. Pelo contrário, devemos *ser fortes no Senhor e na força do seu poder*. (Efésios 6.10.) Que saibamos e acreditemos que maior é o que está em nós do que aquele que está no mundo. (1 João 4.4.)

Devo admitir que algumas vezes, quando não sabemos o que fazer, a tentação é desistir e correr. Quando o problema parece além de nós, a coisa mais fácil a fazer é simplesmente levantar as mãos e desistir, esperando que ele vá embora. Precisamos ser fortes no espírito. *O espírito firme sustém o homem na sua doença [ou dor física]...* (Provérbios 18.14.) Podemos não saber qual é a resposta para o nosso problema, mas conhecemos aquele que tem a resposta.

Devemos nos lembrar de que na maioria das vezes nossos amigos não têm a resposta que precisamos. Muito freqüentemente, as pessoas correm umas para as outras em busca de respostas, em vez de correrem para o Senhor. Quando você tem um problema, corre para o telefone ou para o trono? Deus tem resposta e solução específicas para cada situação com que deparamos nesta vida. Precisamos aprender a ir a ele para receber a sabedoria de que precisamos. Ele prometeu que a dará a nós. (Tiago 1.5.) Mas não se estivermos nas obras. (Tiago 1.6,7.)

Preocupação é uma obra, da mesma forma que o questionamento.

Você sabe por que estamos sempre tentando resolver tudo? Porque queremos estar no controle. Temos um desejo quase insaciável de saber. Mas o que realmente precisamos é crer.

Lembra-se do que Jesus disse àqueles que lhe perguntaram o que deviam fazer para realizar as obras de Deus? *Ele lhes disse, A obra de Deus é esta: que creiais naquele que por ele foi enviado.* (João 6.29.)

É difícil para alguns de nós simplesmente crer, porque somos "viciados em trabalho" – somos viciados em preocupações e questionamentos. Preocupação e questionamento são hábitos que precisamos quebrar com a ajuda de Deus. Cada vez que nos apanharmos ocupando-nos dessas atividades, precisamos nos lembrar de pôr nossa fé em Deus, e não em obras. Temos de nos lembrar de que, se estamos nos preocupando e questionando, não estamos recebendo a graça de Deus. E, se não estamos recebendo a graça de Deus, então não estamos em obediência a Deus – que nos leva às duas últimas partes daquela palavra do Senhor.

Obediência a Deus

Somente eu posso mover a montanha,
    somente eu posso afastá-la,
somente eu posso vencer os problemas
    que hoje você enfrenta.

Seu único trabalho é crer,
    ouvir a minha voz,
e, quando você ouvir o que ordeno,
    obediência é a sua escolha.

Isso não significa que não há nada para fazermos. Simplesmente quer dizer que nosso primeiro dever é crer. Então, quando Deus falar conosco e nos disser o que fazer, continuamos nesse espírito de obediência e fé, simplesmente fazendo o que Deus mandou.

Deixe o resultado para Deus

Não nos preocupamos com os resultados; apenas fazemos o que Deus diz e deixamos o resultado para ele, confiantes que quando atingirmos a linha de chegada, tudo estará bem, exatamente como ele promete:

> Mas eu não o farei muito difícil
> porque a vitória já é minha,
> e eu o encherei com meu Espírito
> e minha graça brilhará por intermédio de você.
>
> Não quando você for perfeito,
> como você acha que tem de ser,
> mas quando seu coração estiver desejoso
> de se tornar cada vez mais como eu.

Graça é deixar Deus fazer

Lembre-se: eu recebi aquela palavra antes de a mensagem deste livro ser proferida naquela reunião. Leia toda a palavra do Senhor mais uma vez e deixe-a abençoar você. E aqui está a profecia que o Senhor me deu anos atrás:

> Pouquíssimos de meus filhos realmente confiam em mim e dependem de mim. Tenho montanhas, infinitas montanhas de graça armazenadas que jamais toquei porque encontro pouquíssimos que abrem o coração pela fé para receber minha graça. Você quer realmente saber o que é graça? Bem ouça e lhe darei uma nova e diferente definição da graça de Deus. Graça é você permitir-me fazer o que quero fazer nesta terra por intermédio de você.

Graça é não fazer nada, é deixar Deus fazer coisas por intermédio de nós. A graça exige que nossa mente esteja absolutamente quieta, confiando no Senhor, ao invés de preocupar-se e questionar.

Você quer ter perfeita paz de espírito? Você pode, se realmente crer na graça de Deus.

Como temos visto, a graça é muito mais do que favor imerecido; é o poder de Deus vindo a uma pessoa que não o merece.

Graça é Deus fazendo-nos um favor, vindo com seu poder e força realizar em nós e por intermédio de nós o que não merecemos que ele faça. E tudo o que podemos fazer é ficarmos cheios de gratidão e ações de graças. Na verdade, não acho que podemos ser verdadeiramente agradecidos até que entendamos completamente a graça de Deus. Quando compreendermos o fato de que cada coisa boa que temos vem a nós pela bondade de Deus, o que nos resta senão agradecer-lhe?

É difícil dar o mérito a Deus quando pensamos que merecemos tudo que recebemos dele. É difícil não darmos o mérito a Deus quando sabemos que não merecemos nada que recebemos dele. É também difícil preocuparmo-nos quando sabemos que não é por preocupação, mas pela graça que todas as nossas necessidades são supridas.

Graça *versus* preocupação

Sabe por que a graça impede que nos preocupemos? Porque a preocupação tem a ver com o passado, enquanto a graça (favor imerecido) refere-se presente e ao futuro.

Na maioria das vezes, preocupamo-nos a respeito de todas as coisas que nos aconteceram no passado, coisas que não podemos mudar. Preocupamo-nos com nossos erros e fracassos que pensamos terem levado as coisas a ser como são hoje e ter destruído qualquer chance que poderíamos ter de um futuro.

Pensamos sobre as coisas tolas e erradas que dissemos, fizemos e pensamos: "Como eu gostaria de não ter dito aquilo; como gostaria de não ter feito aquilo". É aqui que a graça entra. Precisamos aprender a confiar na graça de Deus para ir lá atrás e consertar aqueles erros e mudar nosso destino futuro.

Deus diz que tem montanhas de graça armazenadas, mas o que fazemos? Trabalhamos, lutamos, nos esforçamos, fazemos cálculos e questionamos. Porque não sabemos o que fazer a respeito do passado, nos afligimos sobre o presente e tememos o futuro. Ao invés de crer que quando chegarmos ao amanhã teremos as respostas que precisamos, nos preocupamos e questionamos, tentando imaginar o que fazer hoje para redimir o passado e salvar o futuro.

Ao invés de nos preocuparmos sobre ontem e amanhã, deveríamos descansar hoje, dependendo do Senhor para cuidar do nosso passado, do nosso presente e do nosso futuro.

O plano de Deus inclui a graça de Deus

Pois somos feitura [trabalho manual] dele [do próprio Deus], criados em Cristo Jesus [nascidos de novo] para [que possamos fazer as] boas obras, as quais Deus de antemão preparou [planejou antecipadamente] para que [nós, tomando os caminhos que ele preparou antes dos tempos] andássemos nelas [vivendo a boa vida que ele pré-arranjou e aprontou para nós vivermos].

Efésios 2.10

É muito difícil apreciar a vida se não tivermos segurança a respeito de hoje, paz a respeito de ontem e confiança a respeito do amanhã. Por quê? Porque, enquanto vivermos, sempre teremos de enfrentar situações para as quais não temos respostas.

"Ah, mas se tivermos fé suficiente, não atingiremos o ponto em que isso não acontecerá?"

Não, sempre haverá alguma coisa em nossa vida com a qual não saberemos lidar; se assim não fosse, não precisaríamos de fé, não teríamos de confiar em Deus. O Senhor cuidará para que sejamos sempre dependentes dele. Sabe como ele fará isso? Conduzindo-nos a situações que estão além dos nossos limites. É por isso que, embora fiquemos preocupados, Deus jamais fica preocupado. Por que não? Porque sabe exatamente o que vai fazer. Ele tem um plano, um caminho e um trabalho todo pronto para nós.

Embora Deus tenha um plano para seguirmos, um caminho para nós andarmos e um serviço para desempenharmos, ele não nos dará hoje todas as respostas que precisaremos amanhã. Com cada novo dia vem a graça de que precisamos para viver aquele dia e enfrentar seus desafios.

Você já deve ter ouvido a história de um jovem que estava na prisão, aguardando para ser queimado numa fogueira no dia seguinte pela sua fé em Cristo. Na mesma cela estava um homem mais velho e mais experiente, que conhecia mais sobre o caminho do Senhor. Quando começou a escurecer, o jovem riscou um fósforo para acender uma vela, e ao fazer isso, queimou o dedo. Soltando um grito de angústia e dor, ele disse ao seu companheiro: "Como posso suportar ser queimado na fogueira amanhã se não agüento queimar o dedo hoje"?

O homem mais velho, calmamente respondeu: "Filho, Deus não lhe pediu para você queimar o dedo, então, não há graça para isso. Mas ele está lhe pedindo para morrer por sua fé, então, quando chegar a hora, a graça estará lá".

Não importa o que acontecer, Deus ainda está no controle. Ele tem um plano para lidar com cada coisa que vamos encontrar nesta vida. E sua graça é suficiente para satisfazer nossas necessidades. (2 Coríntios 12.9.)

Deus não desperdiça graça

Acheguemo-nos, portanto, [sem medo e] confiada e ousadamente, junto ao trono da graça [o trono do imerecido favor de Deus a nós, pecadores], a fim de recebermos misericórdia [por nossos erros] e acharmos graça para socorro em ocasião oportuna [ajuda adequada e no tempo certo, que vem exatamente quando precisamos dela].

Hebreus 4.16

Uma das coisas que não conseguimos entender sobre a graça de Deus é que, embora ele tenha montanhas dela, ele não a desperdiça.

Deus não vai derramar sua graça sobre nós uma semana antes do tempo apenas para que nademos nela. Sabe por quê? Porque graça é poder e Deus não é descuidado com seu divino poder que opera maravilhas.

Não há razão por que o Senhor deveria nos dar hoje o que não precisamos senão amanhã apenas para que nos sintamos aquecidos e aconchegados e digamos: "Sem problemas". Recebemos a graça de Deus e seu poder quando precisamos, e não antes. É por isso que precisamos ter fé, é por isso que precisamos nos manter continuamente buscando a Deus. Isso impede que nos sintamos tão seguros de nós mesmos que cheguemos a pensar que não precisamos de Deus. Ao invés disso, sabemos que precisamos manter o canal da fé aberto para receber a graça de Deus no momento da necessidade.

Uma das melhores coisas que pode nos acontecer é quando finalmente ganhamos tanta experiência em nossa vida cristã e tanto conhecimento de nós mesmos que abrimos mão de confiar em nossa própria força e habilidades. E isso leva tempo para se desenvolver.

Outro ponto interessante sobre a graça, além do fato de que Deus não a desperdiça, é que ela pode ser aumentada e diminuída conforme a necessidade.

Algumas vezes, surgem desafios especiais em nossa vida, coisas que estão fora do padrão corriqueiro da nossa rotina diária e que produzem uma quantidade incomum de pressão e estresse. Nesses casos, freqüentemente descobrimos que temos uma extraordinária habilidade de agüentar firme sob circunstâncias penosas. Na verdade, há ocasiões em que surgem situações as quais, com toda razão, deveríamos menosprezar totalmente, embora achemos que, em razão da graça de Deus sobre nós, não nos preocupamos com elas.

Esse tipo de coisa acontece porque a graça de Deus tem a habilidade de aumentar ou diminuir para ajustar-se à nossa necessidade particular.

Agora, mesmo você pode se encontrar em necessidade desesperada de uma medida mais rica, mais cheia da reconfortante graça de Deus. Se assim for, clame pelo Senhor, e ele o suprirá de toda a graça de que você precisa para caminhar por meio desse desafio à vitória suprema. Embora Deus não desperdice sua graça, ele está sempre pronto a derramar sobre nós toda a graça e poder de que precisamos para superar os tempos mais difíceis.

Graça e má atitude

Há muitas coisas que podem nos impedir-nos de receber a graça de Deus. Como vimos, uma delas é a ignorância, não saber o suficiente para clamar ao Senhor, pedindo-lhe para derramar sua graça em tempo de necessidade. A outra é má atitude.

Murmuração e graça não se misturam.

Muitas vezes, o erro que cometemos é o de nos aborrecer e inquietarmo-nos da manhã à noite, ao mesmo tempo em que estamos tentando ativar o poder de Deus em nossa vida para nos ajudar a resolver um problema.

Muitas vezes a razão pela qual não conseguimos usufruir a graça de Deus é simplesmente porque nossa atitude está toda errada. Eu e você não podemos esperar que Deus intervenha em nosso favor em uma situação se estamos constantemente resmungando, encontrando erros, reclamando de coisas sem importância, sendo ciumentos e invejosos. Como sei? Porque era assim que eu costumava agir. Tive de aprender da forma mais difícil que isso simplesmente não funciona.

Também não há como receber a graça de Deus enquanto estamos buscando a simpatia dos outros ou em comunhão com a autopiedade. Deus curará nossas feridas se não procurarmos outros para cuidar delas.

Muitas vezes queremos que o poder de Deus venha sobre nós e resolva alguns problemas para nós, mas, ao mesmo tempo, queremos que nossos amigos se condoam de nós.

Se estivermos tendo problemas de dinheiro, por exemplo, poderemos ir ao nosso lugar de oração e clamar ao Senhor: "Oh, Pai, por favor ajuda-me. Estou atolado até a cabeça financeiramente e preciso muito da tua ajuda. Estou dependendo de ti para me ajudar, porque sem ti não tenho esperança. Senhor, tu és o único que podes me salvar"!

Então, assim que o momento de oração acaba, saímos para almoçar com nossos colegas de trabalho e gastamos uma hora comentando como somos sobrecarregados de trabalho, mal pagos, não reconhecidos e desprivilegiados. Queremos que Deus nos ajude, mas queremos que todos sintam pena de nós. Não é errado compartilhar nossos fardos de forma equilibrada e pelos motivos corretos. Mas evite procurar piedade dos outros.

Deus jamais nos conduz aonde não possa nos guardar. Sua graça é sempre suficiente para nós – em toda e qualquer circunstância da vida. Não há sentido em nos inquietarmos e nos queixarmos, em nos preocuparmos e trapacearmos, tentando constantemente resolver as coisas, desgastando-nos e ficando completamente frustrados e confusos. Se agimos assim, isso mostra que não temos fé nenhuma na graça duradoura de Deus.

Se quisermos receber a graça de Deus, precisamos aprender a depender dele totalmente, e não da simpatia dos outros ou da nossa autopiedade.

Não nós, mas Deus

Consideremos agora o restante da profecia que o Senhor me deu algum tempo atrás:

Graça é deixar-me fazer o que quero nesta terra por intermédio de você. Exige que você fique totalmente quieta, imóvel em sua decisão de esperar em mim para produzir os resultados desejados. As idéias, as esperanças, os sonhos que estão dentro de você não são seus. Eles se originam em mim – isto é, em meu Espírito dentro de você. Não é seu serviço fazê-los acontecer. É seu serviço ser um vaso ou um canal para minha graça. Nenhum de vocês pode fazer acontecer qualquer coisa suficientemente sólida para agüentar sob pressão.

Uma palavra especial

Por favor, preste especial atenção nesta parte da profecia:

Esta é a razão por que você experimenta tantos altos e baixos. Você está tentando se sustentar na fragilidade da carne, ao invés de se firmar na solidez da rocha.

A carne é frágil. Não se pode depender dela. A carne dirá: "Oh, sim, estarei ao seu lado", e então irá dormir no momento errado – exatamente como os discípulos fizeram no Jardim do Getsêmani, quando Jesus lhes pediu para vigiar com ele por uma hora. (Mateus 26.36-40.)

Você está firmado na fragilidade da carne ou na solidez da rocha?

Não por obras, mas por graça

Você se sai bem até a tempestade chegar e, então, volta para a estaca zero. Você precisa se esvaziar de todo o esforço humano, dos cuidados do dia-a-dia e das frustrações carnais. Mas, veja bem, até mesmo isso precisa ser feito pela graça do Senhor. O esforço não pode erradicar o esforço, a frustração não pode expulsar a frustração e a ansiedade não pode eliminar a ansiedade.

Se você for como eu, assim que entender esta mensagem sobre resolver as coisas por si mesmo, se porá em campo para resolver tudo. Você ficará preocupado sobre o fato que lhe foi revelado de que se preocupa o tempo todo. Tentará questionar por que questiona tanto.

É por isso que esta palavra do Senhor é tão "no ponto". Porque nela ele está nos dizendo que não podemos erradicar o esforço pelo esforço, livrar-nos da frustração pela frustração ou eliminar a ansiedade pela ansiedade. Não há como escapar da dependência das *nossas obras* – exceto pela *sua graça do Senhor*.

Graça, graça e mais graça

Mas a graça pode livrá-lo de cada obstáculo. E você descobrirá que quando a graça começar a jorrar, ela gerará mais graça e mais graça e mais graça e mais e mais e mais, até que você se torne aquele canal para a graça do Senhor.

93

Quando aprendermos a receber graça, o resultado será graça, graça e mais graça, todo o tempo em nossa vida. Sabe por quê? Porque onde o pecado abunda, a graça abunda muito mais. (Romanos 5.20.)

Não temos um problema que seja grande demais para a graça de Deus. Se nosso problema fica maior, a graça fica maior. Se nosso problema se multiplica, de maneira que vamos de um a dois, a três ou mais, a graça de Deus também se multiplica para que possamos lidar com eles. Não há necessidade de mais fé para crer em Deus para a resposta a três problemas do que para resposta a dois problemas ou mesmo a um problema. Ou nosso Deus é suficientemente grande para resolver qualquer coisa que enfrentamos, ou não é. O que é impossível ao homem é possível a Deus. (Lucas 18.27.)

Podemos fazer todas as coisas por meio de Cristo, que nos fortalece. (Filipenses 4.13.) Acredite, se há alguma coisa que deveríamos estar fazendo, o Senhor nos dará a habilidade para fazê-lo. Não há como ele nos conduzir a uma situação e, então, deixar-nos para encará-la sozinhos, em nosso fraco poder humano. (Isaías 41.10.)

Um interminável fluir de poder

Haverá um interminável fluir de poder, que é o que graça é, que fluirá por meio de você, e o resultado será que meus desejos, esperanças e sonhos e idéias virão à existência por meio de você sem qualquer custo, sem esforço carnal da sua parte. O Senhor será glorificado na terra e você terá o privilégio e a honra de compartilhar e ser co-herdeiro dessa glória. A graça de Deus está à disposição. *Vinde a mim, todos os que estais cansados e sobrecarregados, e eu vos aliviarei.* (Mateus 11.28.)

Aquele que tem ouvidos ouça o que o Espírito diz às igrejas. (Apocalipse 3.6,13.) Recomendo-lhe que releia a profecia e se pergunte: "Estou recebendo a graça de Deus que está à minha disposição"?

Um pouco de conhecimento é uma coisa perigosa

Porque decidi nada saber entre vós, senão a Jesus Cristo e este crucificado.

1 Coríntios 2.2

Essa é uma palavra gloriosa!

Tentamos saber tudo, e aqui está Paulo dizendo-nos que fez exatamente o oposto.

Diferentemente de nós, que nos preocupamos com todas as coisas que não sabemos, Paulo estava tentando livrar-se de algumas das coisas que sabia. Por quê? Porque havia descoberto que, como a Bíblia ensina, algumas vezes o conhecimento pode ser agravante. (Eclesiastes 12.12.) Ele havia também descoberto que o conhecimento pode criar orgulho: ... *[Todavia, o pouco] saber ensoberbece [faz sentir-se superior e ser orgulhoso]*... (1 Coríntios 8.1.)

Algumas vezes, quanto mais conhecimento acumulamos, mais problemas criamos. Freqüentemente, planejamos, maquinamos, damos um jeitinho para descobrir que as coisas seriam melhores sem nossa intervenção. Você já fez planos para descobrir alguma coisa que estava acontecendo e, então, quando descobriu realmente, sinceramente desejou ter ficado de fora? Por isso Paulo disse que estava determinado a não saber nada, exceto de Cristo crucificado.

Paulo estava se referindo, aqui, ao fato de que o homem natural não entende as coisas espirituais: *Ora, o homem natural não aceita as coisas do Espírito de Deus, porque lhe são loucura; e não pode entendê-las, porque elas se discernem espiritualmente.* (1 Coríntios 2.14.)

Na minha própria vida, o que Deus imprime no meu coração, nem sempre faz sentido à minha cabeça. O Senhor revelou-me que a razão é porque minha mente nem sempre entende meu espírito. Algumas vezes, quanto mais penso que sei, mais difícil é seguir a Deus.

A mente da carne *versus* a mente do Espírito

> Porque o pendor da carne [que é sentido e razão sem o Espírito Santo] dá para a morte [morte que compreende todas as misérias que surgem do pecado, tanto na vida aqui como na vida além]. Mas o do Espírito [Santo], para a vida e [alma] paz [tanto para a vida aqui como na vida além].
>
> Romanos 8.6

De acordo com esse verso, isto não é uma mente, mas duas mentes. Há a mente da carne e a mente do Espírito.

Isso não quer dizer que temos dois cérebros, simplesmente significa que recebemos informações de duas fontes diferentes. Recebemos informação de nossa mente natural (que funciona sem o Espírito Santo) e de nosso espírito (por meio do qual o Espírito Santo se comunica diretamente conosco).

Nós temos a mente de Cristo

> Pois quem conheceu [ou entendeu] a mente [o conselho e os propósitos] do Senhor, que o possa [guiar] instruir [e dar-lhe conhecimento]? Nós, porém, temos a mente de Cristo [o Messias e possuímos os pensamentos – sentimentos e propósitos do seu coração].
>
> 1 Coríntios 2.16

Não muito tempo atrás, alguém me perguntou: "Sem pensar, o que você pensa"? Para ser honesta comigo mesma, essa é a maneira como vivemos nossa vida a maior parte do tempo – sem pensar. Mas a Bíblia diz que não devemos ser conduzidos pela nossa mente carnal, mas pelo Espírito Santo que habita em nós. (Romanos 8.14; Gálatas 5.18.) O Espírito Santo pode iluminar nossas mentes. Quando entramos no que a *Bíblia Amplificada* chama de "sentimento e razão sem o Espírito Santo", então estamos pisando em terreno perigoso. O Espírito Santo é o único que conhece a mente de Deus.

A Escritura nos diz que, como o Espírito Santo vive em nós, temos a mente de Cristo. O problema é que, embora tenhamos a mente de Cristo e conheçamos a Palavra de Deus, não ouvimos nosso espírito que está sendo iluminado pelo Espírito Santo. Em vez disso, ouvimos nossa mente natural, que depende estritamente de sentimento e razão sem o Espírito Santo.

Em qualquer situação da vida, nossa cabeça estará tentando nos dar informações. Estará gritando tão alto que, se não voltarmos nossa atenção para o espírito, jamais ouviremos o que o Senhor está nos dizendo naquela situação. Por isso é que devemos aprender a viver pelo nosso espírito e não pela nossa cabeça.

Pelo espírito, não pela cabeça

Certo dia bem cedo, quando me levantei da cama, imediatamente a preocupação entrou em minha mente. Hoje nem mesmo me lembro sobre o que era, mas naquele momento estava me inquietando e perturbando. Essa é a forma de o diabo operar. Ele gosta de nos atacar no nosso momento mais frágil, tal como quando acabamos de nos levantar e estamos ainda meio grogues, sonolentos e incoerentes.

Isso ilustra um princípio importante: *Satanás jamais se move contra a força; ele se move contra a fraqueza.*

Enquanto minha mente se revolvia com aquele pensamento que o diabo havia colocado em minha consciência, o Senhor falou comigo: "Joyce, viva pelo seu espírito; não viva pela sua cabeça". Aquele foi um conselho tão prático, que nunca mais me esqueci dele.

Veja, espíritos maus constantemente nos bombardeiam com pensamentos negativos. Se os aceitamos e lhes damos importância, eles se tornam nossos, porque a Bíblia diz que *como pensamos em nosso coração, assim nós somos*. (Provérbios 23.7.) Se aceitarmos as mentiras do diabo como realidade, então elas se tornarão realidade para nós, por causa da nossa "fé", da nossa crença nelas.

Então, depois que o Senhor falou comigo e disse-me para viver pelo meu espírito e não pela minha cabeça, simplesmente orei: "Pai, o que tens a dizer sobre essa situação"?

Por uma impressão no homem interior (que é a maneira pela qual Deus geralmente fala conosco), eu soube imediatamente o que ele estava me dizendo sobre aquela situação.

"Joyce, você sabe que não precisa se preocupar com isso. Quantas vezes passamos por isso antes? Tudo vai sair bem."

"Estás certo, Senhor", respondi. Então continuei fazendo minhas coisas e não voltei a pensar no assunto todo o dia. Mas, se continuasse naquela atividade mental, a situação teria ido de mal a pior.

É por isso que em momentos de preocupação, estresse e inquietação, temos de simplesmente parar e nos voltarmos para o nosso homem interior e perguntar: "Senhor, o que tens a dizer sobre isso"? Se ouvirmos em fé, ele falará conosco e nos revelará a verdade daquela situação.

Algum tempo atrás, ouvi uma boa informação sobre outra pessoa e, subitamente, fiquei com ciúme. Compartilho esta história com você porque quero que saiba que não importa quão espirituais nos tornemos, estaremos sempre sujeitos a tais ataques demoníacos.

Na mesma hora, lembrei a mim mesma: "Essa não sou eu. Não é meu pensamento e não vou acolhê-lo"! Eu estava no curso de golfe, então parei de jogar e fiz uma pausa para voltar minha atenção para o meu homem interior. Orei e entreguei aquele sentimento de ciúme ao Senhor. Quando me voltei para o Senhor, ele me assegurou que eu não precisava ter ciúme de ninguém. Ele me fez saber que tem um bom plano para a minha vida também, exatamente como tem para a pessoa sobre a qual ouvi o comentário. Em poucos minutos meu ciúme havia ido embora. Se eu o tivesse guardado na minha mente, se o tivesse nutrido e cultivado, ele teria crescido e crescido até me causar toda sorte de problemas.

Temos dois imensos tonéis de informações dentro de nós. Um é a informação carnal que sai de dentro da nossa cabeça. O outro é a informação espiritual que brota do nosso coração. Um é a água lamacenta, poluída. O outro é a água potável limpa. Nós é que escolhemos de que fonte queremos beber.

Algumas pessoas tentam beber das duas fontes. É isso que a Bíblia chama de *homem de ânimo dobre*. (Tiago 1.8.) Sabe o que significa ser de ânimo dobre? Significa que sua mente está tentando lhe dizer uma coisa e seu espírito está tentando lhe dizer exatamente o oposto. Ao invés de dizer "Não vou acreditar nisso porque é uma mentira", você entra em um fogo cruzado, indo e voltando entre dois pensamentos.

Se quisermos viver a vida cristã feliz, vitoriosa e bem sucedida que o Senhor quer para nós, teremos de decidir de qual fonte de informação vamos beber. Teremos de aprender a viver pelo nosso espírito, e não pela nossa cabeça.

4
Favor sobrenatural

Quando lemos a Bíblia do Velho ao Novo Testamento, encontramos muitas pessoas que receberam favor. Vamos examinar alguns deles como exemplos para nós hoje.

José

> E o senhor de José o tomou e o lançou no cárcere, no lugar onde os presos do rei estavam encarcerados; ali ficou ele na prisão.
>
> O SENHOR, porém, era com José, e lhe foi benigno [e amoroso], e lhe deu *mercê*[1] perante o carcereiro; O qual [o carcereiro] confiou às mãos de José todos os presos que estavam no cárcere; e ele fazia tudo quanto se devia fazer ali.
>
> E nenhum cuidado tinha o carcereiro de todas as coisas que estavam nas mãos de José, porquanto o SENHOR era com ele, e tudo o que ele fazia o SENHOR prosperava.
>
> **Gênesis 39.20-23**

Embora José estivesse sendo injustamente punido porque estava preso por algo que não havia feito, o Senhor estava com ele e cuidou dele.

---

[1] Grifo da autora.

Uma pessoa não fica realmente péssima mesmo que acabe na prisão se Deus lhe conceder favor e a colocar na direção de tudo o que acontece lá.

A lição que o Senhor quer que aprendamos desse exemplo e de outros que examinaremos é o fato de que, apesar do que nos acontece na vida, podemos ter o favor dele e de outras pessoas. (Lucas 2.52.)

Como filhos de Deus, o favor está à nossa disposição. Mas, como tantas coisas boas na vida, apenas o fato de algo estar à nossa disposição não significa que vamos tê-lo. O Senhor coloca à nossa disposição muitas coisas que jamais recebemos ou desfrutamos porque jamais ativamos nossa fé naquela área.

Por exemplo, se em uma entrevista de emprego confessarmos medo e fracasso, então nos darão quase certeza de que não conseguiremos o trabalho. Por outro lado, se nos inscrevemos para um trabalho para o qual sabemos não estar completamente capacitados, ainda assim podemos ir com confiança, crendo que Deus nos dará favor naquela situação.

Muitos anos atrás, quando eu e Dave nos casamos, decidimos que eu precisava voltar ao trabalho por pouco tempo. Então, inscrevi-me para um emprego e fui aceita. Fui rapidamente promovida de uma posição à seguinte, até que terminei sendo o equivalente ao segundo posto no comando da companhia. Embora não tivesse qualificação ou experiência para aquela posição, o Senhor me colocou nela porque seu favor estava sobre mim.

Deus quer lhe dar favor, da mesma maneira que deu favor a José, mas, para recebê-lo, você deve fazer o que José fez e crer nisso. José manteve uma atitude boa em uma situação má. Ele teve uma "atitude de fé" e Deus lhe deu favor. Quando o favor de Deus está sobre você, as pessoas gostam de você não por nenhuma razão específica e querem abençoar você.

Ester

Ester, filha de Abiail, tio de Mordecai, que a tomara por filha, quando lhe chegou a vez de ir ao rei, nada pediu além do que disse Hegai, eunuco do rei, guarda das mulheres. E Ester alcançou *favor*[2] de todos quantos a viam.

Assim, foi levada Ester ao rei Assuero, à casa real, no décimo mês, que é o mês de tebete, no sétimo ano do seu reinado.

O rei amou a Ester mais do que a todas as mulheres, e ela alcançou perante ele *favor e benevolência*[3] mais do que todas as virgens; o rei pôs-lhe na cabeça a coroa real e a fez rainha em lugar de Vasti.

Ester 2.15-17

Você sabe que há um versículo na Bíblia que diz que o *Senhor abaixa uma pessoa e também exalta outra?* (1 Samuel 2.7.) Neste caso, ele elevou Ester da obscuridade para se tornar rainha de toda a terra. Ele lhe deu favor com todos os que ela encontrou, incluindo o rei, porque ela tinha favor com Deus.

Mais tarde na história, lembramos que Ester usou esse favor para salvar a si e ao seu povo, os judeus, de ser assassinado pelo malvado Hamã que estava disposto a destruí-los. Ela não teve medo de ir ao rei e pedir-lhe que interviesse em favor de si própria e do seu povo, ainda que isso pudesse ter lhe custado a vida, porque ela sabia que tinha o favor de Deus.

Se você está sendo incomodado, perseguido ou discriminado, se alguém está tentando tirar de você o que de direito lhe pertence – seja seu emprego, seu lar, sua reputação ou qual-

---

[2] Grifo da autora.
[3] Grifo da autora.

quer coisa na vida –, não tente retaliar buscando favor natural. Em vez disso, creia em Deus por favor sobrenatural, porque, a despeito de quão difíceis as coisas possam parecer na perspectiva humana, Deus pode erguer e ele pode derrubar.

Cada dia, quando você vai trabalhar, deveria dizer: "Creio que tenho favor neste lugar hoje. Creio que a luz de Deus brilha sobre mim e que tenho favor com todos, com Deus e com os homens".

Não viva com medo de que ninguém goste de você. Não acolha o medo da rejeição, creia que Deus está fazendo com que todos com quem você tem contacto gostem de você, queiram estar perto de você, o vejam com favor.

Favor natural *versus* favor sobrenatural

Quase vinte anos atrás, quando comecei meu ministério, estava amedrontada. Tinha medo de ser rejeitada. Naquela época, para uma mulher fazer o que eu estava fazendo era ainda menos popular do que hoje, quando mulheres pregadoras são bem mais aceitas.

Eu sabia que havia pessoas, especialmente novas pessoas, que vinham aos meus encontros com um olho crítico. Sabia que estavam pesando e analisando tudo o que viam e ouviam. Então, fiz todo o possível para falar e me comportar da maneira que pensava que eles esperavam de mim. Era supercautelosa com tudo que dizia e fiz isso porque queria que todos gostassem de mim e me aceitassem.

Isso não era normal. E não funcionou. Tentar conseguir favor por si próprio não é apenas tarefa árdua; é, freqüentemente, sem sentido. Geralmente, quanto mais você tenta agradar a todos, mais erros você comete e menos pessoas são atraídas a você.

O problema era que eu estava tentando ganhar o favor natural. Isso era tudo o que eu sabia fazer. Até cerca de dez anos atrás, eu não sabia nada sobre favor sobrenatural. Eu não sabia que favor é uma parte da graça. Na verdade, no Novo Testamento em inglês, a palavra *graça* e a palavra *favor* são ambas traduzidas da mesma palavra grega charis.[4] Então, a graça de Deus é o favor de Deus. E o favor de Deus é a graça de Deus – a qual faz com que as coisas que precisam acontecer em nossa vida aconteçam, por meio do canal da nossa fé. É o poder de Deus vindo por meio da nossa fé, para fazer o que não podemos por nós mesmos.

O favor, como a graça, não pode ser comprado com a fé, mas a fé é o canal por meio do qual recebemos a graça e o favor de Deus e todas as suas muitas bênçãos.

Graça é o poder para nos transformar e mudar nossas circunstâncias. Não é pelo poder humano ou pela força humana, mas pelo Espírito Santo que recebemos favor. Um dos vinte e cinco nomes do Espírito Santo encontrados na Bíblia é "o Espírito de graça". É pelo Espírito de graça de Deus que achamos favor com Deus e com os homens.

Então, graça é o poder de Deus vindo a nós pelo canal da nossa fé, mas em uma área muito específica. Favor é a aceitação e bênção que os outros mostram a nós, porque temos a graça de Deus brilhando sobre nós. Deus irradia sua luz em nós. Ele atrai a atenção para nós.

Embora essa luz seja real, é geralmente invisível ao olho humano. Na maioria das vezes, as pessoas nem mesmo

---

[4] STRONG, James. *Concordância exaustiva da bíblia.* Nashville: Abingdon, 1890. Dicionário grego do Novo Testamento, p. 77.

sabem por que elas nos olham com favor. Não sabem porque gostam de nós, aceitam-nos, confiam em nós, aprovam-nos, gostam de estar perto de nós e nos preferem aos outros. Elas apenas o fazem porque Deus irradia sua luz da graça sobre nós e nos dá seu favor.

Quando descobri sobre o favor sobrenatural, estava trabalhando à exaustão, tentando ganhar a aprovação e a aceitação dos outros. A partir de então, comecei a crer em Deus para receber seu favor sobrenatural, e isso tirou o peso dos meus ombros. Não mais tive de me preocupar sobre o tipo de impressão que estava causando naqueles que vinham para os encontros.

Agora, quase todo final de semana estou em frente a um grupo diferente de pessoas que nunca vi antes e ministro a elas. Se não tivesse aprendido a depender do favor do Senhor, não poderia fazer isso. A pressão acabaria com meus nervos. Mas, agora, isso não me preocupa nem um pouquinho.

Quando você crê em Deus por favor sobrenatural, isso o liberta do estresse que se acumula sobre você. Ao invés de tentar fazer tudo sozinho, você fica livre para desfrutar verdadeiramente o que está fazendo, porque você sabe que não é mais seu problema como as pessoas resolvem reagir a você. Você faz o melhor que pode e deixa os resultados para Deus.

Não faça o que eu fazia, adulando a todos que você encontra para tentar ganhar aceitação. Você não precisa ser um impostor para impressionar as pessoas. Não tem de ser conivente, manipular e bajular, trabalhando e preocupando-se dia e noite, tentando dizer e fazer todas as coisas certas para que pensem bem de você. Como eu, você pode abrir mão de tudo isso, porque não mais está buscando favor natural, mas recebendo favor sobrenatural.

A diferença entre favor natural e favor sobrenatural

Há uma importante diferença entre favor natural e favor sobrenatural. Favor natural pode ser obtido por meio de trabalho, favor sobrenatural não pode.

Se eu e você trabalharmos nisso bastante duro e por bastante tempo, podemos conseguir que as pessoas gostem de nós e nos aceitem a maioria do tempo. Mas Deus não quer que gastemos nosso tempo e energia tentando ganhar dessa forma favor com ele e com os outros. Ele quer que devotemos nosso tempo e energia fazendo sua vontade, seja isto popular ou não.

O favor sobrenatural não pode ser adquirido; é um presente. Esse é o tipo de favor que Deus quer que tenhamos, e a forma de obtê-lo é simplesmente crendo e recebendo-o de Deus.

Uma razão por que não devemos gastar nosso tempo e energia buscando favor natural é porque é muito fugaz. Aqui está uma lição que o Senhor gostaria que aprendêssemos:

Se você conseguir aceitação das pessoas por seu esforço próprio, você deve mantê-la usando o mesmo método por meio do qual a conseguiu.

É aqui que muitas pessoas começam a ter problemas. É quando elas entram sob o poder e influência de demônios de manipulação e controle. Esses espíritos trabalharão por intermédio das pessoas, se nós o permitirmos.

Se tentarmos fazer com que as pessoas gostem de nós e nos aceitem dizendo e fazendo todas as coisas certas, teremos de nos manter dizendo e fazendo todas essas coisas para manter a amizade e a aprovação delas. E isso é uma forma de escravidão. Já não mais somos livres para sermos guiados por Deus, mas devemos agradar às pessoas ou elas poderiam nos rejeitar.

Mas o favor sobrenatural não depende de agradarmos as pessoas todo o tempo. Depende da graça de Deus dar aceitação e mantê-la. Por isso, oro diariamente por favor, favor sobrenatural. Não tenho como lhe dizer quantas vezes tenho visto Deus se mover sobrenaturalmente em minha vida e dar-me favor. Ele está me colocando em áreas nas quais, para ministrar baseada em meu próprio conhecimento e habilidade, não tenho direito algum de estar. Algumas vezes surpreendo-me quando vejo as coisas que Deus está me permitindo fazer e os lugares aonde está me permitindo ir – isso sem mencionar as preciosas pessoas que ele está atraindo para as reuniões.

Tudo o que posso dizer é: "Obrigada, Senhor"!

Sempre que desistimos de tentar fazer por nós mesmos e começamos a permitir que o Senhor nos dê seu favor, isso cria em nós um coração agradecido e cheio de gratidão.

Quando nos esforçamos, extenuamos e lutamos para conseguir aceitação por nós mesmos, então, queremos dar o mérito a nós, às nossas habilidades e esforços. Mas quando sabemos que tudo o que temos e desfrutamos é um presente de Deus, um resultado do seu favor sobrenatural sobre nós, então não há nada a fazer a não ser dizer: "Obrigado, Senhor!"

Somos sempre mais gratos pelo que sabemos não merecer do que somos por aquilo que realmente merecemos. Essa é a natureza humana. E essa é uma razão por que o Senhor resiste aos soberbos, mas dá graça (favor imerecido, sobrenatural) aos humildes. (Tiago 4.6.)

Daniel e os jovens hebreus

> No ano terceiro do reinado de Jeoaquim, rei de Judá, veio Nabucodonosor, rei da Babilônia, a Jerusalém e a sitiou.
>
> O Senhor lhe entregou nas mãos a Jeoaquim, rei de Judá, e alguns dos utensílios da casa de Deus; a es-

tes, levou-os para a terra de Sinear [Babilônia], para a casa do seu deus, e os pôs na casa do tesouro do seu deus.

Disse o rei [da Babilônia] a Aspenaz, chefe dos seus eunucos, que trouxesse alguns dos filhos de Israel, tanto da linhagem real como dos nobres.

Entre eles, se achavam, dos filhos de Judá, Daniel, Hananias, Misael e Azarias.

O chefe dos eunucos lhes pôs outros nomes, a saber: a Daniel, o de Beltessazar [atendente do rei]; a Hananias, o de Sadraque; a Misael, o de Mesaque; e a Azarias, o de Abede-Nego.

Resolveu Daniel, firmemente [em seu coração], não contaminar-se com as finas iguarias do rei [comendo da sua porção – da comida rica e saborosa], nem com o vinho que ele bebia; então, pediu ao chefe dos eunucos que lhe permitisse não contaminar-se.

Ora, Deus concedeu a Daniel misericórdia[5] e compreensão da parte do chefe dos eunucos.

Daniel 1.1-3,6-9

Nessa passagem somos lembrados de uma história familiar.

Por causa de seus pecados contra o Senhor, a nação de Judá foi levada ao cativeiro na Babilônia. Lá, alguns dos mais promissores deles, Daniel e três dos seus amigos, foram escolhidos para ser atendentes do rei babilônio. Como parte do seu período de três anos de treinamento e preparação, esses jovens deveriam seguir uma dieta rica em carne e vinho,

---

[5] Grifo da autora.

vinda da mesa do rei. Entretanto, Daniel e seus amigos determinaram que eles não iriam se corromper comendo a comida do rei e bebendo seu vinho. Em vez disso, pediram ao eunuco responsável pela sua formação se lhes seria possível seguir sua própria dieta de verduras e água.

A Bíblia nos diz que Deus deu a Daniel favor (compaixão e bondade amorosa) diante do eunuco que concordou com que seguissem sua dieta, desde que ela não os prejudicasse. Claro, ela não somente não os prejudicou, mas fê-los mais fortes e saudáveis do que todos os outros jovens que se preparavam para ser atendentes reais. Na verdade, o rei ficou tão impressionado que os escolheu dentre todos os outros jovens para servi-lo como seus conselheiros (vv 10-20).

O favor do Senhor repousava em Daniel e em seus amigos tão intensamente que, finalmente, Daniel tornou-se o primeiro ministro da Babilônia, então o maior poder do mundo, e os outros três tornaram-se altos oficiais no reino.

Você acha que isso teria acontecido se Daniel e os jovens hebreus tivessem tentado promover-se a si próprios buscando favor natural?

Jesus

E crescia Jesus em sabedoria [em grande e completa compreensão], estatura e graça, diante de Deus e dos homens.

Lucas 2.52

Desde a sua infância, Jesus tinha favor diante de Deus e dos homens. Na verdade, assim que ele começou seu ministério público, ele ficou tão popular com o povo que raramente conseguia encontrar tempo para ficar sozinho e orar e ter comunhão com seu Pai celestial.

Mesmo aqueles que não criam nele reconheciam que ele desfrutava o favor com Deus e com os homens. Quando os fariseus mandaram guardas para prender Jesus porque ele estava afirmando ser o Filho de Deus, os guardas voltaram de mãos vazias dizendo: *Jamais alguém falou como este homem.* (João 7.32, 45, 46.)

Ao final da sua vida, quando ele foi trazido diante dos religiosos e oficiais do governo daquele tempo, Jesus encontrou favor. A despeito do ciúme e ódio daqueles que se opunham e o acusavam falsamente, ele encontrou favor diante de Pilatos, que o teria libertado, não fosse a exigência das multidões.

Mesmo quando Jesus estava sendo julgado, a esposa de Pilatos mandou-lhe uma mensagem dizendo: *...Não te envolvas com esse justo.* (Mateus 27.19.) Ela também reconhecia Jesus por quem ele era, o Cristo, o ungido – o favorecido – de Deus.

O próprio Pilatos temia a Jesus porque também reconhecia o favor de Deus sobre ele. Se assim não fosse, por que teria um homem tão poderoso tentado desculpar-se lavando as mãos diante da plebe, declarando publicamente: *...Estou inocente do sangue deste justo...; fique o caso convosco!* (Mateus 27.24.)

Depois que Jesus foi crucificado, o centurião romano responsável pela crucificação: *...tendo visto o que tinha acontecido, deu glória [e agradeceu] a Deus, dizendo: Verdadeiramente, este homem era justo [justo e inocente].* (Lucas 23.47.) O versículo seguinte diz: *E todas as multidões reunidas para este espetáculo, vendo o que havia acontecido, retiraram-se a lamentar, batendo nos peitos.*

Por que as pessoas reagiram dessa forma? Porque sabiam que o favor divino repousava sobre aquele que eles tinham acabado de ver sendo crucificado.

Assim, Jesus encontrou o favor de Deus e dos homens não apenas enquanto crescia e se tornava homem, mas ao longo de toda a sua vida e até mesmo depois da sua morte.

Essa é a maneira que eu gostaria que nos víssemos: como favorecidos do Senhor. Deus nos vê de uma perspectiva diferente daquela em que nos vemos. Ele não nos vê como criaturas fracas, impotentes e pecadoras. Ele nos vê vestidos com justiça, calçados com os sapatos da paz, usando toda a armadura de Deus e manejando a espada do Espírito, que é a Palavra do Senhor. É assim que deveríamos nos ver.

A razão por que Deus nos vê dessa maneira é que ele nos olha não como somos no reino físico, mas como somos no reino espiritual. É assim que devemos aprender a nos ver.

Não olhe no espelho e diga: "Oh, quem jamais prestaria atenção em mim? Como pode um joão-ninguém como eu ter amigos, encontrar um bom trabalho, casar-se, ter uma família ou um ministério, ou ser uma bênção para os outros? Ninguém jamais vai me querer".

Quando você faz isso, está olhando as coisas no seu natural; não está dando ao Senhor qualquer mérito por aquilo que ele pode fazer.

Não importa como as coisas possam parecer aos nossos olhos físicos, não importa como podemos parecer a nós mesmos ou aos outros, jamais devemos nos esquecer de que Deus pode fazer com que a luz do seu favor divino brilhe sobre nós – da mesma maneira que ele fez por Jesus –, para que possamos crescer em sabedoria, estatura e em favor com Deus e com os homens. (Lucas 2.52.)

Rute

Assim, voltou Noemi da terra de Moabe, com Rute, sua nora, a moabita; e chegaram a Belém no princípio da sega da cevada.

Tinha Noemi um parente de seu marido, senhor de muitos bens, da família de Elimeleque, o qual se chamava Boaz.

Rute, a moabita, disse a Noemi: Deixa-me ir ao campo, e apanharei espigas atrás daquele que mo favorecer. Ela lhe disse: Vai, minha filha!

Ela [Rute] se foi, chegou ao campo e apanhava após os segadores; por casualidade entrou na parte que pertencia a Boaz, o qual era da família de Elimeleque.

Então, disse Boaz a Rute: Ouve, filha minha, não vás colher em outro campo, nem tampouco passes daqui; porém aqui ficarás com as minhas servas.

Estarás atenta ao campo que segarem e irás após elas. Não dei ordem aos servos, que te não toquem? Quando tiveres sede, vai às vasilhas e bebe do que os servos tiraram.

Então, ela, inclinando-se, rosto em terra, lhe disse: Como é que me favoreces[6] e fazes caso de mim, sendo eu estrangeira?

Rute 1.22-2.1-3, 8-10

Estou certa de que você se lembra da história de Rute e de sua sogra Noemi. Depois da morte de seus maridos na terra de Moabe, onde elas tinham ido viver durante o tempo de fome, Noemi e Rute retornaram a Judá. Lá Rute pediu permissão à Noemi para ir aos campos vizinhos apanhar espigas para que elas não morressem de fome.

Enquanto Rute estava colhendo, Deus lhe deu favor diante do proprietário do campo, um homem chamado Boaz, que era parente do marido de Noemi. Boaz cuidou de Rute, deu-lhe comida e água e instruiu seus segadores a não apenas guardá-la e protegê-la, mas também a deixar alguns grãos extras para trás, para que ela os apanhasse. (Rute 2.14-16.)

---

[6] Grifo da autora.

Na verdade, Rute encontrou tal favor diante de Boaz, que mais tarde a pediu em casamento. Como resultado, ela e Noemi foram muito bem cuidadas enquanto viveram.

Esse é um exemplo e retrato maravilhoso dos efeitos do favor de Deus sobre alguém. E o mesmo favor está disponível a mim e a você se pararmos de tentar conseguir favor pelas obras da nossa carne e, simplesmente, pedirmos favor sobrenatural e o recebermos por fé.

Definição de graça e favor

Como vimos, nas Escrituras as palavras graça e favor são ambas traduzidas da palavra grega *charis*. Dissemos que graça é um favor não ganho pelo trabalho ou méritos, imerecido; é o poder que vem de Deus para ajudar uma pessoa a superar suas tendências más. Vimos também que favor é a graça ou poder de Deus em uma pessoa, para capacitá-la a agir graciosa e favoravelmente.

Vimos que há favor natural e há favor sobrenatural. O favor natural é determinado pela forma como tratamos as pessoas e envolve coisas como elogios, palavras de edificação e esforço humano da nossa parte para impressionar os outros. Deveríamos ser bons com as pessoas, mas pela razão correta. O tipo do amor de Deus não tem motivos ocultos. Favor natural pode ser ganho mediante trabalho, mas, como vimos, o favor sobrenatural vem de Deus.

Embora não possamos produzir favor sobrenatural porque é recebido do Senhor como um presente, é verdade que, quando fazemos todas as coisas que produzem favor natural – sendo bondosos com os outros, tratando as pessoas com dignidade e respeito, edificando e valorizando os outros –, estamos semeando sementes para uma futura colheita de favor sobrenatural. Quando tratamos as pessoas corretamente e buscamos a Deus para nos dar favor sobrenatural, estamos no caminho certo que conduz a relacionamentos bons, sólidos e saudáveis.

O que significa ser favorecido

Diz-se freqüentemente daqueles que desfrutam de especial favor com Deus e com os homens que eles são "favorecidos". Ser favorecido é ser destacado.

Cada um de nós gostaria de ser destacado. Isso é orgulho? Não, não se essa posição favorecida, destacada, vem de Deus e não de nossas próprias ambições pessoais ou de nossos esforços egoístas para chamar atenção sobre nós mesmos.

Para ser inteiramente honesta, acho encantador ver Deus destacar uma pessoa – especialmente se aquela pessoa sou eu! Gosto de ver Deus se mover em meu favor e acho que cada um se sente da mesma maneira. Devo admitir que é interessante ver Deus escolher alguém para uma atenção especial ou tratamento preferencial – especialmente na presença dos outros.

Isso acontece a todos nós vez ou outra, particularmente àqueles que esperam e mesmo pedem a Deus para fazer com que aconteça.

Por exemplo, você já se encontrou em uma longa fila no caixa do supermercado precisando desesperadamente sair correndo? Você já orou para Deus ajudá-lo a ser atendido rapidamente?

Algumas vezes nessa situação eu oro e digo ao Senhor: "Pai, por favor dá-me favor". Freqüentemente, outro atendente de caixa vem e diz: "Senhora, vou atendê-la aqui". Ou, talvez, alguém à minha frente, com o carrinho cheio de mercadorias, afasta-se e diz: "Senhora, você só tem pouca coisa, pode passar na minha frente".

Se esse tipo de coisa lhe acontece, você está recebendo favor de Deus, talvez até mesmo sem estar consciente disso. Imagine o que acontecerá agora que você sabe pedir por isso!

Quando tais coisas acontecem e você sabe que é um sinal de que está sendo destacado, que o favor de Deus está sobre você, então tudo o que lhe resta a fazer é dizer: "Obrigado, Senhor!"

Deus quer nos dar favor sobrenatural, porque isso motiva louvor e ações de graças genuínas.

É sempre prazeroso ter o favor de Deus. Apenas parece que não acontece tão freqüentemente quanto gostaríamos. Parte do problema somos nós. Nós não nos deleitamos tanto no Senhor quanto deveríamos. Deveríamos ter mais prazer e liberdade e menos medo e legalismo. Há tantas coisas que Deus gostaria de fazer por nós, mas não pode porque não pedimos. Uma razão pela qual não pedimos é porque não nos sentimos dignos. A única vez que vamos ao Senhor e pedimos por um favor especial é quando estamos absolutamente desesperados, quando nos colocamos em uma situação com a qual não conseguimos lidar por nós mesmos.

O Senhor quer estar pessoalmente envolvido em nossa vida. Ele quer se envolver conosco na fila da mercearia. Ele quer se envolver conosco quando somos apanhados em um engarrafamento e não conseguimos sair do lugar.

Quando me encontro em tal situação, oro: "Senhor, dá-me favor nesta situação". Freqüentemente ele faz com que alguém abra uma brecha para sair da fila de carros que está bloqueando minha passagem.

De fato, esse é um bom exemplo de como podemos semear sementes de favor natural para uma colheita de favor sobrenatural. Quando deixamos outro motorista passar à nossa frente, estamos semeando a semente para que Deus mova algum outro a fazer o mesmo por nós.

Não há nada errado em ser o objeto destacado se estivermos prontos a permitir que outros tenham a mesma oportunidade de ser destacados por Deus. Ser favorecido ou destacado é permitir que o Senhor brilhe sua luz em nós – para glória dele. Se mantivermos nossa atitude correta, se permitirmos aos outros os mesmos privilégios que desfrutamos, se dermos a glória a Deus em vez de nos tornarmos orgulhosos e arrogantes, então ele continuará a derramar seu favor sobre nós e nos tratará como seus favoritos.

Favoritos de Deus

O que significa ser um favorito? Significa ser particularmente favorecido, estimado e preferido. Significa desfrutar atenção especial, afeição pessoal e tratamento preferencial, mesmo sem ser merecedor.

Se três pessoas qualificadas candidatam-se ao mesmo emprego mas um é favorito de Deus, então o Senhor fará com que sua luz brilhe sobre essa pessoa para que ele ou ela seja escolhido para o cargo. Aqueles que estão escolhendo podem nem mesmo saber por que preferem este candidato em particular em detrimento dos outros; tudo o que sabem é que por alguma razão este tem um apelo especial para eles.

Não há nada em mim ou você ou qualquer outra pessoa que pode nos tornar favoritos de Deus. Ele nos escolhe para esse lugar de honra e apreço por um ato de sua soberana graça. Tudo o que podemos fazer é receber seu precioso presente em uma atitude de ação de graças e humildade.

Quando falo sobre ser um favorito de Deus, devo tornar uma coisa clara. Porque Deus é Deus de toda sua criação e porque tem um relacionamento pessoal com cada um de seus filhos, ele pode dizer a cada um de nós ao mesmo tempo, sinceramente: "Você é a menina dos meus olhos; você é meu filho favorito".

Levou algum tempo para que eu entendesse essa verdade. De fato, no princípio eu estava com medo de crer nisso. Era difícil me imaginar como favorita de Deus, mesmo que isso fosse o que ele estava me dizendo. Mas, então, comecei a perceber que isso é o que ele diz a cada um de seus filhos. Ele quer dizer isso a qualquer um que creia, aceite e caminhe nessa verdade.

Nosso Pai celestial quer que seus filhos se levantem e sejam tudo aquilo pelo qual seu Filho Jesus deu a sua vida. Deus não nos quer caminhando em círculos, com a cabeça baixa e os ombros caídos, com medo de olhar os outros nos olhos por medo do que eles poderiam pensar de nós.

Deus nos assegura que somos seus filhos favoritos porque quer que estejamos confiantes em quem somos em Cristo Jesus para que tenhamos a confiança e a certeza de que precisamos para andar vitoriosamente na vida, atraindo outros para compartilhar conosco de sua maravilhosa graça.

Coroado com glória e honra

Ó SENHOR, Senhor nosso, quão magnífico [majestoso e glorioso] em toda a terra é o teu nome! Pois expuseste nos céus [ou acima] a tua majestade.

Da boca de pequeninos e crianças de peito suscitaste força, por causa dos teus adversários, para fazeres emudecer o inimigo e o vingador.

Quando contemplo os teus céus, obra dos teus dedos, e a lua e as estrelas que estabeleceste,

Que é o homem, que dele te lembres? E o filho [mortal] do homem, que o visites?

Fizeste-o, no entanto, por um pouco, menor do que Deus [ou seres celestiais] e de glória e de honra o coroaste.

Deste-lhe domínio sobre as obras da tua mão e sob seus pés tudo lhe puseste.

Salmo 8.1-6

Observe o verso 5 que diz que Deus escolheu o homem e o coroou com glória e honra.

Nesse contexto, as palavras *honra, glória e coroou* têm significado especial.

Aqui, em minha opinião, *honra e favor* têm o mesmo significado. Poderíamos dizer que Deus coroou o homem com glória e favor, dando-lhe domínio sobre as obras da sua mão e colocando todas as coisas debaixo dos seus pés. Descrevo a palavra glória neste caso como as excelências de Deus. Claro, ser coroado simboliza triunfo ou recompensa – geralmente na forma de um emblema circundando a cabeça.

Então, o que o salmista está nos dizendo nessa passagem é que fomos separados por Deus, que colocou sobre as nossa cabeça sua coroa de favor e excelência.

Apenas porque não vemos uma coroa sobre a nossa cabeça não significa que não há nada lá. Não vemos com nossos olhos físicos os trajes de justiça com que estamos vestidos, mas isso não significa que eles não existem no reino espiritual. Como o apóstolo Paulo nos diz, o homem natural não pode perceber as coisas de Deus porque elas se discernem espiritualmente. (1 Coríntios 2.14.)

Então, fomos coroados com o favor e a excelência de Deus. A razão principal de não estarmos penetrando nessas bênçãos do Senhor que foram colocadas sobre nós é porque não acreditamos que as merecemos ou porque não nos ensinaram que são nossas. Nossa fé não está ativada nessa área. Então, vagamos pela vida, pegando o que quer que o diabo decida jogar para nós, sem nem mesmo reclamar o que é direito nosso.

Se você reler o verso 6, verá que todas as coisas foram colocadas debaixo dos nossos pés por Deus, que nos deu domínio sobre todas as suas criaturas. Isso não me sugere que devamos permitir que o diabo e seus demônios nos intimidem, dominem e oprimam.

Andaremos em nossa glória e honra apenas à medida que determinarmos fazê-lo.

A outra maneira como descrevo a palavra *glória* é aquilo que faz alguma coisa brilhar. Uma boa passagem para ilustrar esse ponto é Êxodo 34.28-35, que diz como a face de Moisés estava resplandecente depois de passar quarenta dias e noites na montanha com Deus. Estava tão brilhante que amedrontava os filhos de Israel, e, então, Moisés tinha de colocar um véu sobre sua face sempre que conversava com eles depois de ter estado na presença do Senhor. Também vi a palavra *honra* ser descrita como consideração respeitosa, estima, reputação e elevada fama.

Se eu e você andarmos na bênção da glória e honra com a qual o Senhor nosso Deus nos coroou, não apenas nossas faces brilharão visivelmente com a glória do Senhor, mas nós mesmos desfrutaremos respeito, estima, uma boa reputação e fama – todas as quais são resultado do favor de Deus.

Uma ilustração pessoal sobre andar em favor

Quando começarmos a andar em favor, veremos coisas fantásticas começarem a acontecer em nosso dia-a-dia.

Tenho uma experiência pessoal para ilustrar esse ponto, mas hesitei em compartilhá-la com você por medo de parecer arrogante ou orgulhosa. Entretanto, depois de cuidadosa reflexão, decidi incluí-la neste estudo, porque é um exemplo muito bom das bênçãos do Senhor que seguem aqueles que andam em seu favor.

Algum tempo atrás, eu e uma amiga decidimos ir às compras. Levantei-me cedo naquela manhã, para passar algum tempo com o Senhor e tive um maravilhoso encontro com ele, desfrutando a presença dele poderosamente por um bom tempo. Quando saí de casa, não tinha idéia de que havia alguma coisa diferente em mim, mas obviamente havia, pela forma como as pessoas reagiram todo o dia.

Quando passamos tempo nos impregnando da presença do Senhor, ninguém pode ver isso em nós fisicamente, mas podem senti-lo espiritualmente. Eles podem se sentir atraídos a nós sem nem mesmo saber ou entender o porquê. Apenas parece haver alguma coisa em nós que faz com que queiram nos mostrar favor.

É isso que quero expressar quando digo que, se andarmos em humildade e obediência, Deus fará sua luz brilhar sobre nós e nos dará favor. Há uma recompensa que vem com o gastar tempo em comunhão com nosso Pai celestial.

Geralmente gosto de dirigir, mas nessa manhã em particular, pedi à minha amiga que dirigisse, pois eu poderia passar algum tempo extra com o Senhor. Assim, durante os quarenta e cinco minutos de viagem até o shopping, sentei-me no carro lendo a Bíblia e me aquecendo na presença do Senhor.

Quando saímos do carro e entramos no shopping, uma senhora aproximou-se e disse: "Oh, Joyce, conheço você; algumas vezes vou às suas reuniões". Então acrescentou: "Você está tão bonita! Não me canso de achá-la deslumbrante"! Tudo que pude fazer foi dizer obrigada e seguir meu caminho agradecendo ao Senhor.

Embora seja comum que as pessoas me reconheçam e queiram me visitar algumas vezes, eu jamais tinha tido um dia como aquele em todos os anos do meu ministério. Estávamos bem longe do lugar onde tínhamos nossas reuniões. Mas parecia que em todo lugar que fôssemos as pessoas saíam do seu caminho para me saudar e elogiar, dizendo-me como eu parecia bem, que eu parecia jovem, que estava brilhando. Uma senhora em uma loja de calçados chegou a ponto de dizer que eu deveria ter feito uma cirurgia plástica, porque eu estava muito melhor do que quando ela tinha me visto da última vez!

Essa situação chegou a ser quase engraçada. Mas isso não parou; continuou por todo o tempo em que estivemos no shopping. Eu sabia que Deus era responsável. Eu sabia que tudo isso estava acontecendo porque o Senhor estava brilhando seu refletor em mim. Eu sabia que não era nada que eu tivesse feito, mas, como Moisés, era por causa da glória do Senhor que estava sobre mim como resultado do tempo passado em sua presença. Minha face estava brilhando e atraindo outros a mim, porque ela estava refletindo sua glória, não a minha.

Se esse tipo de coisa já lhe aconteceu, se você encontrou-se desfrutando de favor sobrenatural com as pessoas, é porque a luz do Senhor estava brilhando dentro de você. As pessoas podem ter ou não reconhecido que o que eles estavam vendo em você era Deus, mas o resultado foi o mesmo.

Quando isso nos acontece, tudo o que podemos fazer é agradecer a Deus e louvá-lo.

Aumentando o favor

> **Eu lhes tenho transmitido a glória que me tens dado, para que sejam um [mesmo] como nós o somos.**
>
> **João 17.22**

Lemos em Lucas 2.52 que Jesus crescia em favor diante de Deus e dos homens. Agora, aqui em João 17.22, quando Jesus está orando ao Pai antes de sua partida para o céu, ele diz que tem dado a nós, seus discípulos, a mesma honra e glória que o Pai lhe deu, para que possamos ser um como eles são um.

Isso deveria ser suficiente para fazer com que ficássemos entusiasmados. Deveria haver muito regozijo depois de termos lido essa passagem. Deveríamos estar crendo e confessando que temos favor com cada um que encontramos e em cada situação com que deparamos na vida. Deveríamos estar louvando e agradecendo a Deus porque seu favor sobre nós está crescendo e aumentando à medida que continuamos a ter comunhão com ele e uns com os outros – caminhando juntos como um, em humilde obediência à sua vontade, exatamente como Jesus fez.

Embaixadores de Cristo

Ora, tudo provém de Deus, que nos reconciliou consigo mesmo [recebeu-nos em favor, trouxe-nos em harmonia com ele mesmo] por meio de Cristo e nos deu o ministério da reconciliação [para que por palavra e ação pudéssemos trazer outras à harmonia com ele],

A saber, que Deus estava [pessoalmente presente] em Cristo reconciliando [e restaurando] consigo [com seu favor] o mundo, não imputando aos homens as suas transgressões [mas cancelando-as], e nos confiou a palavra da reconciliação [da restauração ao favor].

De sorte que somos embaixadores em nome de Cristo, como se Deus exortasse por nosso intermédio. Em nome de Cristo [como representantes pessoais de Cristo], pois, rogamos que [tomeis posse do divino favor agora oferecido a vós e] vos reconcilieis com Deus.

2 Coríntios 5.18-20

Você compreende por meio dessa passagem que Deus quer que nós – e por intermédio de nós, todos na terra –

tenhamos favor com ele? Você também entende do que dissemos que o diabo tem nos roubado esse favor pelo engano e pela ilusão? Jesus veio para restaurar favor ao povo de Deus – e, por nosso intermédio, a todo mundo.

É parte de nossa *herança* ter e desfrutar favor. É parte de nosso *ministério* agir como embaixadores de Cristo, atraindo outros para receber o presente maravilhoso do perdão e da reconciliação e compartilhar sua maravilhosa graça, seu favor imerecido.

Deus quer nos restaurar ao favor com ele mesmo para que possamos agir como seus embaixadores na Terra. É desta forma que precisamos nos ver: como emissários de uma nação estrangeira. A Bíblia diz que somos peregrinos e estrangeiros aqui, que esta terra não é nosso lar, que estamos meramente de passagem. (1 Pedro 2.11.) Por nosso intermédio, Deus está fazendo seu apelo para outros receberem seu perdão, sua graça e seu favor.

Agora, pense sobre isto um momento: como os embaixadores estrangeiros são tratados? Não são tratados como reis? É dessa forma que deveríamos esperar sermos tratados, e esta é a forma como deveríamos tratar aqueles a quem somos enviados pelo Senhor, por amor do seu Reino.

A Bíblia nos diz que não apenas somos embaixadores em nome de Cristo, mas que somos reis e sacerdotes diante do nosso Deus. (Apocalipse 1.6.) É por isso que precisamos de uma atitude diferente em relação a nós mesmos e aos outros. Precisamos nos comportar como embaixadores reais, como diplomatas divinos.

Uma imagem de favor

> Revesti-vos de toda a armadura [a armadura de um soldado completamente armado, que Deus dá] de Deus, para poderdes ficar firmes contra as ciladas do diabo;

Porque a nossa luta não é contra o sangue e a carne [lutando apenas com inimigos físicos], e sim contra os principados e potestades, contra [os espíritos-mestre que são] os dominadores deste mundo tenebroso, contra as forças espirituais do mal, nas regiões celestes [sobrenaturais].

Efésios 6.11-12

Lester Sumrall diz que os crentes precisam caminhar pela vida *combativamente*. Freqüentemente, uso a palavra agressivamente. Mas ambos estamos dizendo a mesma coisa: nós, crentes, precisamos ser confiantes e seguros, não tímidos e duvidosos. (2 Timóteo 1.7.) Precisamos saber quem somos em Cristo e ser inteiramente convencidos de que temos o direito de estar fazendo o que estamos fazendo.

Não estou falando sobre ter uma atitude má. Não estou falando sobre ser agressivo ou arrogante com os outros. Ensino muito sobre humildade e submissão e sobre deixar Deus abrir a porta e fazer um caminho para nós. Não estou falando sobre como tratamos outras pessoas, especialmente aqueles que não concordam conosco. Estou falando sobre como devemos agir com os espíritos maus que se opõem a nós e nos atormentam. Estou falando sobre nos comportarmos no reino natural da maneira que a Bíblia nos diz que somos no reino espiritual.

Devemos nos lembrar de que a nossa guerra não é contra carne e sangue, mas contra poderosos inimigos espirituais. Se as pessoas têm uma atitude errada em relação a você, pode ser porque você não está andando na graça e favor que Deus tem lhe conferido. Pode ser porque você está abdicando de sua posição de direito como filho de Deus. Pode ser porque você está se curvando a espíritos demoníacos, dando-lhes o direito e a autoridade para amedrontá-lo e intimidá-lo.

Como você se vê?

Disse o SENHOR a Moisés:

Envia homens que espiem [por vocês mesmos] a terra de Canaã, que eu hei de dar aos filhos de Israel; de cada tribo de seus pais enviareis um homem, sendo cada qual príncipe entre eles.

Enviou-os Moisés do deserto de Parã, segundo o mandado do SENHOR; todos aqueles homens eram cabeças dos filhos de Israel.

Ao cabo de quarenta dias, voltaram de espiar a terra, Caminharam e vieram a Moisés, e a Arão, e a toda a congregação dos filhos de Israel no deserto de Parã, a Cades; deram-lhes conta, a eles e a toda a congregação, e mostraram-lhes o fruto da terra.

Relataram a Moisés e disseram: Fomos à terra a que nos enviaste; e, verdadeiramente, mana leite e mel; este é o fruto dela.

O povo [de Canaã], porém, que habita nessa terra é poderoso, e as cidades, mui grandes e fortificadas; também vimos ali os filhos de Enaque [de grande estatura e coragem].

Então, Calebe fez calar o povo perante Moisés e disse: Eia! Subamos e possuamos a terra, porque, certamente, prevaleceremos contra ela.

Porém os homens que com ele tinham subido disseram: Não poderemos subir contra aquele povo [de Canaã], porque é mais forte do que nós.

E, diante dos filhos de Israel, infamaram a terra [trouxeram um relatório negativo da terra] que haviam espiado, dizendo: A terra pelo meio da qual passamos a espiar é terra que devora os seus moradores; e todo o povo que vimos nela são homens de grande estatura.

Números 13.1-3,25-28,30-32

Quando os filhos de Israel se aproximaram do seu destino, o Senhor instruiu Moisés a escolher doze homens, um de cada tribo, e mandá-los em uma expedição de espionagem à terra de Canaã.

Quando retornaram, os doze concordaram que a terra era frutífera e produtiva, da qual manava leite e mel. Mas, quando chegou a hora de decidir um método de ação, dez dos doze deram um relatório negativo, enquanto dois deles, Josué e Calebe, deram um relatório positivo. A razão de terem os dez espiões dado um relatório negativo foi o medo. O problema foi que eles estavam olhando a situação no natural, com os olhos da carne, enquanto Josué e Calebe a estavam olhando espiritualmente, com os olhos do Senhor.

Observe no verso 33 desta passagem o que os dez disseram dos habitantes da terra e de si mesmos: *Também vimos ali gigantes (os filhos de Enaque são descendentes de gigantes), e éramos, aos nossos próprios olhos, como gafanhotos e assim também o éramos aos seus olhos.*

Como você se vê, como um gafanhoto ou como um poderoso guerreiro de Deus? Seu relatório é negativo ou positivo? Quando Deus coloca diante de você uma nova oportunidade, você lamenta medrosamente: "Não posso vencer os gigantes da terra", ou declara corajosamente: "Vou subir agora mesmo, porque sou capaz de conquistá-la"! Dez dos israelitas viram os gigantes... dois viram a Deus! Mantenha seus olhos em Deus. Você mais Deus é o bastante para qualquer situação.

Para ser inteiramente honesta, não tenho educação formal ou qualificações naturais de qualquer tipo para fazer o que estou fazendo. Sou a pessoa menos indicada para se colocar em pé diante de multidões de pessoas e pregar e ensinar. A menos indicada para estar no rádio e na televisão. Fico pensando: "Senhor, como podes estar fazendo isso através de mim? Por que as pessoas continuam voltando semana após semana para me ouvir falar? Por que se conectam regularmente em nossos programas de rádio e televisão"?

Em meu ministério, viajo pelo mundo todo. Algumas vezes pessoas que nem mesmo conheço vêm às reuniões e se sentam por dois dias inteiros me ouvindo, presos a cada palavra que digo. Por que fazem isso? Por que Deus está me dando favor. E ele lhe dará favor também, se você desejar recebê-lo.

Deus pode fazer com que você seja aceito. Ele pode elevá-lo. Pode lhe dar a coragem e a confiança de que precisa para ser um vencedor. Mas você precisa estar de acordo com o plano dele para a sua vida. Precisa desistir de se ver exatamente o oposto do que ele diz que você é. Precisa aprender a mudar sua auto-imagem.

Não apenas você deve aprender a se ver de forma diferente, mas também a comportar-se diferentemente. Não abaixe a cabeça quando estiver participando de uma conversa. Fico com pena de algumas pessoas. Elas vêm falar comigo e ficam tão nervosas e trêmulas que quase não conseguem falar. Como sou alguém em uma posição de autoridade, elas parecem ter medo de mim. Isso brota de um sentimento de insegurança. É sinal de falta de auto-estima.

Quando falar com alguém, seja seguro e olhe a pessoa diretamente nos olhos. Você não tem motivos para abaixar a cabeça com vergonha ou embaraço. Não importa quão deplorável você possa ter sido em seu natural. Espiritualmente, Jesus morreu para elevá-lo e fazê-lo sentar-se com ele nos lugares celestiais. Não importa quão baixo você possa ter descido; agora você tem uma coroa de glória e honra. Não importa como você estava vestido antes; agora você tem um manto de justiça com um anel de sinete em seu dedo. Sabe o que esse anel de sinete significa? Significa que você tem autoridade. O que você diz o Senhor confirmará.

Não deixe que o diabo encha sua cabeça com pensamentos de inferioridade. Lembre-se: pensamentos são sementes. Seu espírito pode apenas produzir o que você semeou e cultivou na sua mente e no seu coração. Cada pensamento que você permite entrar e criar raiz em seu mais íntimo começará a crescer e a produzir fruto. Por isso você precisará aprender a substituir pensamentos e palavras negativas por outras positivas. Precisa deixar de se ver como um pecador sem valor e começar a se ver como a justiça de Deus em Cristo Jesus. (1 Coríntios 1.30.)

Lembre-se: você tem tanto direito ao favor de Deus como qualquer outro. Aprenda a beneficiar-se disso e a andar nessa verdade.

Favor como presente de Deus

... Pelo contrário, Deus escolheu [deliberadamente] as coisas loucas do mundo para envergonhar os sábios e escolheu as coisas fracas do mundo para envergonhar as fortes;

E Deus escolheu [deliberadamente] as coisas humildes do mundo, e as desprezadas, e aquelas que não são, para reduzir a nada as que são;

A fim de que ninguém [tenha a pretensão e] se vanglorie na presença de Deus.

1 Coríntios 1.27-29

Certa vez, quando estava lendo sobre Smith Wigglesworth e sua grande fé, fiquei tremendamente impressionada com todas as coisas maravilhosas que ele fez, como curar doentes e ressuscitar mortos. Pensei: "Senhor, sou chamada, mas jamais poderia fazer qualquer coisa como aquilo".

Subitamente o Senhor me disse: "Por que não? Você não é tão confusa como todo o resto"?

Veja, entendemos esse fato de trás para frente. Pensamos que Deus está à procura de pessoas "certinhas". Mas isso não é verdade. A Bíblia diz que Deus escolhe as coisas fracas e tolas deste mundo para confundir os sábios. Ele está à procura daqueles que se humilham e lhe permitem fazer a sua vontade por intermédio deles.

Se tivermos o cuidado de não nos tornarmos orgulhosos ou arrogantes, o Senhor pode nos usar tão poderosamente como usou Smith Wigglesworth ou qualquer dos grandes homens e mulheres de Deus. Mas, no instante que nos enchemos de orgulho, Deus será obrigado a nos rebaixar. Lembre-se: a Bíblia diz que Deus pode exaltar e pode rebaixar (1 Samuel 2.7). O objetivo é guardar em mente que o poder não é nosso, é dele. Ele não nos escolhe porque somos capazes, mas simplesmente porque estamos à disposição dele. Isso é também parte da graça e favor de Deus que ele derrama sobre nós quando nos escolhe como embaixadores pessoais de Cristo.

Representantes pessoais de Cristo.

De sorte que somos embaixadores em nome de Cristo, como se Deus exortasse por nosso intermédio.

Nós [como representantes pessoais de Cristo] em nome de Cristo, pois, rogamos [por amor a ele que tomeis posse do favor divino agora oferecido a vocês e] que vos reconcilieis com Deus.

2 Coríntios 5.20

Como temos visto, somos embaixadores de Cristo, representantes pessoais do Filho do Deus Vivo.

Isso significa que qualquer coisa que façamos, devemos fazê-lo com excelência. Significa que aonde quer que formos, devemos representar Jesus Cristo diante de todos os que encontrarmos, todos os que tiverem contacto conosco. É por isso que devemos sempre parecer, falar e agir como embaixadores reais, emissários régios. É por isso que devemos cuidar de nós mesmos, do nosso corpo, da nossa mente e do nosso espírito, como também das coisas que possuímos.

Como representantes de Cristo, nossa casa, nosso pátio, nosso carro e nossas roupas devem ser limpas e arrumadas e bem cuidadas. Devemos fazer o melhor que pudermos com o que temos. Isso não significa que temos de ter o melhor; certamente não temos de ter o que todos os outros têm; mas precisamos nos assegurar de que tudo o que realmente temos traga honra e glória a Cristo.

Lembre-se: é por intermédio de nós, seus representantes pessoais nesta terra, que Jesus apela ao mundo pedindo a todos que, por amor dele, se apossem do favor divino a eles oferecido e se reconciliem com Deus.

O que Paulo está dizendo nesse verso é que, desde que recebemos favor divino, nossa tarefa, nosso chamado, é influenciar outros a receber o mesmo divino favor que o Senhor deseja conceder-lhes, exatamente como fez a nós.

Continue brilhando!

Disse o SENHOR a Moisés:

Fala a Arão e a seus filhos, dizendo: Assim abençoareis os filhos de Israel e dir-lhes-eis:

O Senhor te abençoe e te guarde;

O Senhor faça resplandecer o rosto sobre ti e tenha misericórdia [bondade, graça e favor] de ti;

O Senhor sobre ti levante o rosto [aprovador] e te dê a paz [tranqüilidade de coração e vida continuamente].

Números 6.22-26

Você sabe o que é o rosto de Deus? É a sua face, sua aparência. Quando um homem ou mulher de Deus nos diz: *O Senhor faça resplandecer o seu rosto sobre ti e tenha misericórdia de ti. O Senhor sobre ti levante o rosto e te dê a paz.* (Números 6.25-26), o que ele está dizendo é: "Que os outros possam ver a glória de Deus brilhando sobre você e por intermédio de você".

Posso encorajá-lo a fazer uma coisa? Ao sair de casa para os seus afazeres diários, peça ao Senhor que faça brilhar sua face sobre você. Peça-lhe que levante seu rosto sobre você e lhe dê paz. Peça-lhe que faça brilhar sua glória sobre você, como ele fez com Moisés. Então, deixe brilhar também a sua luz diante dos homens, para que vejam as suas boas obras e glorifiquem a seu Pai que está nos céus. (Mateus 5.16.)

Deixar sua luz brilhar pode ser tão simples como colocar um sorriso em sua face. Essa é uma forma de "ligar o interruptor" da glória de Deus. A luz da glória de Deus está em você, mas, se você jamais a mostra externamente, as pessoas não serão abençoadas. É surpreendente o que acontecerá se você simplesmente sorrir e for gentil com as pessoas. Mostre favor tão freqüentemente quanto puder e a quantos puder. Fazendo isso, você receberá favor, porque nos é dito que tudo o que semearmos é o que colheremos. (Gálatas 6.7.) Quando mostramos favor aos outros, recebemos favor deles em retorno.

Abençoado para ser uma bênção

Ao concluir este capítulo gostaria de encorajá-lo a orar por favor sobrenatural. Ore por favor diante de todos aqueles que você entrar em contato. Onde quer que vá, ore para que lá receba favor. Lembre-se também de orar para que outros desfrutem o favor de Deus. Deus disse a Abraão que o abençoaria e faria dele uma bênção. (Gênesis 12.2.)

Sempre que entro em um restaurante, por exemplo, posso orar: "Senhor, agradeço por encontrar favor neste lugar. Peço-te que me abençoes e que eu abençoe a todos quantos estão aqui". Geralmente recebo melhor atendimento, melhor comida e melhor tratamento. Se você tentar isso e não funcionar, não se sinta desencorajado. A Bíblia diz que haverá tempos em que os crentes serão perseguidos. Devemos manter cada mensagem em equilíbrio.

Devo admitir que há vezes em que oro por favor em certo lugar e não sou tratada nem um pouquinho bem. Mas, na grande maioria das vezes, vejo bons resultados ao praticar essa mensagem. Creio também que a forma como nos comportamos quando não estamos sendo bem tratados ajuda a determinar quanto dessa mensagem veremos funcionando em nossa vida. Quando você se encontra em uma situação na qual as coisas não estão acontecendo como gostaria que acontecessem, apenas ore e peça ao Senhor para que o ajude a suportar a pressão, manter uma atitude positiva e trazer honra e glória a ele.

Aonde você for, ore por favor divino sobre todos os assuntos – sobre os outros e sobre você mesmo. Se você fizer isso, o favor sobrenatural repousará sobre você e você será abençoado para ser uma bênção.

5
Uma atitude de gratidão

Acho que todos sabemos, mas precisamos ser lembrados regularmente que Deus deseja um povo agradecido, não um povo murmurador, resmungão, crítico e queixoso.

É interessante notar, quando estudamos a história da nação de Israel, que esse tipo de atitude negativa foi o maior problema que levou o povo a vaguear pelo deserto por quarenta anos, antes de entrar na Terra Prometida. Podemos dar a isso muitos nomes, mas Deus o chamou de *descrença*.

A atitude de Deus é de que se seu povo realmente acreditar nele, então, não importa o que acontecer na vida, eles saberão que ele é suficientemente grande para fazer com que a situação trabalhe para o seu bem se eles continuarem a ter fé nele. Alegria e paz são encontradas naqueles que crêem, não nos murmuradores, resmungões, críticos ou queixosos.

Esta é uma lição que precisamos aprender tanto quanto os filhos de Israel precisavam. E uma coisa que nos ajudará a aprender essa lição é a revelação da graça de Deus.

Revelação a respeito da graça de Deus

> Ora, ao que trabalha, o salário não é considerado como favor [ou presente], e sim como dívida [como alguma coisa devida a ele].
>
> Romanos 4.4

Esse verso implica que se uma pessoa trabalha por seu salário, quando chega o dia do pagamento, ela não é realmente agradecida pelo que recebe, porque sente que o merece, uma vez que trabalhou por ele.

Esse é um bom exemplo do que a Bíblia chama "obras". (Romanos 4.2.) Obra é o oposto de graça, que já definimos como favor imerecido derramado por Deus sobre aqueles que não trabalharam por ele e, de fato, não o merecem.

Não há nada que faça uma pessoa mais arrogante e orgulhosa do que o que ela considera a recompensa do seu próprio trabalho. E não há nada que possa fazer com que uma pessoa transborde de gratidão e ações de graças mais que uma revelação da graça de Deus que foi derramada gratuitamente sobre ela.

Se eu e você pensamos que merecemos o que recebemos de Deus porque o ganhamos com nossas boas obras – nossa enorme quantidade de orações, nossa leitura diária da Bíblia, nosso dízimo regular ou oferta sacrificial, nossa habilidade de operar no fruto do Espírito –, então não seremos agradecidos. Pelo contrário, vamos pensar que quaisquer bênçãos que recebamos de Deus é prova de nossa santidade e justiça pessoal. Então, por sua vez, essa atitude orgulhosa e farisaica fará com que desprezemos e julguemos outros que não parecem ser tão abençoados como somos.

Muito freqüentemente, nós, no Corpo de Cristo, olhamos para as pessoas que estão passando por provações e pensamos: "Se aquelas pessoas apenas fizessem o que estou fazendo, então elas não estariam tendo todos esses problemas". Embora possa haver um elemento de verdade nessa declaração, devemos nos lembrar do que o apóstolo Paulo disse de si mesmo: *Sou o que sou pela graça de Deus*. (1 Coríntios 15.10.)

Deixe-me dar-lhe um exemplo pessoal de como podemos desenvolver uma atitude negativa se nos orgulharmos demais de nossas próprias habilidades e conquistas.

Eu costumava ter uma atitude realmente arrogante e crítica para com qualquer um que tivesse uma personalidade mais fraca do que a minha. Eu desprezava qualquer um que não fosse determinado para vencer como eu era, qualquer um que não pudesse lidar física, mental e emocionalmente com o que eu podia lidar. Finalmente, o Senhor condescendeu em ajudar-me a entender que, como Paulo, tudo o que sou deve-se não à minha grande força e poder, mas à sua graça e misericórdia. Ele me mostrou que, se retirasse a sua graça e misericórdia por um momento, eu poderia não mais ser a pessoa que pensava que era e me orgulhava em ser.

Uma atitude de gratidão

Como compartilhei com você muitas vezes, antes que Deus me desse uma revelação de sua graça, eu estava total e miseravelmente frustrada. Por quê? Porque não sabia como permitir que Deus me ajudasse com meus problemas. A libertação para mim veio quando o Senhor começou a me ensinar sobre o ministério do Espírito Santo para os dias de hoje.

Como mencionei, um dos vinte e cinco nomes usados para se referir ao Espírito Santo na Bíblia é o Espírito de graça e súplica. Então, quando falamos sobre o Espírito Santo, estamos falando do Espírito de graça, que é o poder de Deus vindo à nossa vida para enfrentar cada tendência má que temos e para nos ajudar a resolver cada problema que encontramos.

Dissemos que cada coisa boa que vem a nós nesta vida provém da graça de Deus. Creio que, até que reconheçamos essa verdade, jamais seremos pessoas agradecidas e cheias de gratidão que Deus deseja que sejamos.

Como seres humanos, mesmo nós cristãos somos sujeitos ao egoísmo e à ingratidão. Podemos orar e crer em Deus por alguma coisa e até mesmo ser muito agradecidos e cheios de gratidão quando a recebemos. Mas isso não nos leva muito longe, e nós não mais ficamos agradecidos e cheios de gratidão, mas, na verdade, passamos a esperar por ela. Podemos desenvolver uma atitude exigente em nosso relacionamento com o Senhor. Podemos chegar a ponto de nos tornarmos frustrados e irritados quando o Senhor não nos provê com tudo o que pensamos que temos direito como "filhos do Rei". Como seus filhos, realmente temos direitos, e temos uma herança, mas uma atitude humilde é uma necessidade. Sem humildade, seremos presunçosos e incapazes de apreciar.

Como um exemplo de quão rápida e facilmente podemos ser presas de uma atitude negativa, gosto de usar esta ilustração. Podemos pedir a Deus uma casa maior e até mesmo sermos agradecidos assim que ganhamos uma. Então, em questão de meses, nos encontramos resmungando e queixando-nos porque agora temos de limpar aquele "imenso casarão".

Temos inúmeras oportunidades para nos queixarmos regularmente. Mas tudo o que a queixa faz é abrir a porta para o inimigo. Não resolve problemas, apenas cria um solo fértil para maiores problemas.

Neste capítulo, gostaria de encorajá-lo a juntar-se a mim para abrirmos nossos corações desejar que o Senhor nos ensine como permitir que o Espírito Santo, o Espírito de graça e súplica, venha à nossa vida para nos ajudar em nossa caminhada diária.

Vamos aprender a responder à ajuda que já estamos recebendo, mas não merecemos, desenvolvendo uma atitude de gratidão. Isso não é uma palavra ocasional de muito obrigado, mas um contínuo estilo de vida de ação de graça. A pessoa que desenvolveu uma "atitude de gratidão" é aquela que é agradecida por coisas simples que Deus está fazendo em sua vida diária.

Uma vida de ações de graças

E Jesus, levantando os olhos para o céu, disse: Pai, graças te dou porque me ouviste.

João 11.41

Aqui temos um bom exemplo de Jesus dando graças a Deus. Quando orar, eu o encorajo a terminar sua oração como Jesus fez aqui, dizendo: *Pai, graças te dou porque me ouviste.*

Uma razão pela qual o encorajo a fazer isso é porque, como João nos diz, quando sabemos que Deus nos ouve, sabemos que ela nos dá o que lhe pedimos. (1 João 5.14-15.) O diabo quer que eu e você oremos e, então, fiquemos a imaginar se Deus nos ouviu e se deseja nos conceder o que lhe pedimos. A forma de superarmos essa dúvida é levantarmos a voz em ações de graças. (Salmos 26.7; Jonas 2.9.)

Parte do poder da oração está no poder da ação de graças, porque não há vida de poder separada de vida de ação de graças.

Durante seu ministério na Terra, Jesus viveu uma vida de ação de graças. Ele agradeceu ao Pai em muitas ocasiões e por muitas coisas. Por exemplo, ele deu graças a Deus por revelar a verdade aos pequeninos e escondê-la dos sábios e entendidos. (Mateus 11.25.) Ele agradeceu a Deus quando partiu os pães e os peixes e alimentou quatro mil pessoas. (Mateus 15.36.) Ele agradeceu a Deus quando partiu os cinco pães e dois peixes e alimentou cinco mil pessoas. (João 6.11.) E deu graças a Deus quando distribuiu o pão e o vinho aos seus discípulos na última ceia. (Marcos 14.22-23.)

Agora que vimos algumas das coisas pelas quais Jesus deu graças a Deus, vamos olhar o que Paulo tem a nos dizer sobre dar graças.

Paulo e o estilo de vida de ações de graças

Não andeis ansiosos de coisa alguma; em tudo, porém, sejam conhecidas, diante de Deus, as vossas petições [pedidos específicos], pela oração e pela súplica, com ações de graças.

Filipenses 4.6

Aqui Paulo nos diz para viver livres de preocupações e ansiedade – seguindo um estilo de vida de ações de graças.

Por muitos anos ensinei (e acreditei, embora jamais tivesse me preocupado em pesquisar por mim mesma ou consultar o Senhor sobre isso) que cada vez que pedisse a Deus alguma coisa eu deveria, no mesmo instante, começar a agradecer-lhe automática e repetidamente, porque o que eu havia pedido estava a caminho. Foi-me dito (e eu acreditei) que se fizesse isso não haveria como o diabo impedir que recebesse o que havia pedido a Deus em oração. Foi-me também dito (e eu acreditei) que se eu não mantivesse uma firme barreira de agradecimento por aquela bênção, eu poderia não recebê-la.

Como muitos crentes hoje, eu estava convencida de que o fato de estar agradecida pelo que havia pedido a Deus em oração era a maior força que traria a bênção a mim.

Esse versículo pode se referir a ser agradecido pelo que pedimos em oração, e, provavelmente, refere-se. Entretanto, alguns anos atrás, Deus deu-me uma compreensão um pouco diferente sobre isso e eu gostaria de compartilhá-la com você. O que Deus me ensinou é que quando vamos a ele em oração, pedindo-lhe para satisfazer uma necessidade do momento, ele quer que sejamos gratos e agradecidos pelo que ele *já fez*. Ele me mostrou que o que ele deseja não é tanto um *ato* de ações de graças, mas uma *atitude* de ações de graças. Ele quer que estejamos continuamente agradecendo por todas as coisas que ele fez no passado, está fazendo agora e fará no futuro. Então, quando realmente viermos a ele com uma necessidade, é simplesmente uma que mencionamos em nossas ações de graças. Eu creio, definitivamente que nosso louvor e ações de graças deveriam ser mais generosos do que nossos pedidos.

Paulo estava falando desse estilo de vida quando nos escreveu sobre dar sempre graças por tudo a nosso Deus e Pai em nome de nosso Senhor Jesus Cristo. (Efésios 5.20.) Também, quando ele escreveu aos Tessalonissenses: *Em tudo [não importando quais possam ser as circunstâncias, seja grato e ofereça ações de graças], dai graças [a Deus], porque esta é a vontade de Deus em Cristo Jesus [o Revelador e Mediador dessa vontade] para convosco [em que estais em Cristo]*. (1 Tessalonissenses 5.18.)

Esse estilo de vida de ações de graças é a evidência de um coração agradecido. O Senhor me revelou que se uma pessoa tem um coração agradecido pelo que ela já tem, isso é indicação de que esse indivíduo é maduro o suficiente para receber outras bênçãos.

"Porém", o Senhor enfatizou, "se uma pessoa está sempre se queixando sobre o que tem agora, por que deveria eu me preocupar em dar-lhe qualquer outra coisa para resmungar e murmurar?"

O ponto é que em Filipenses 4.6 Paulo não está nos dando a fórmula para ter o que queremos de Deus através de constantes ações de graças pelo que pedimos. O que ele nos está apresentando é um estilo de vida de ações de graças, uma atitude de gratidão, referente não apenas ao que ele faz, mas também simplesmente pelo que ele é. Lembre-se sempre disto quando apresentar suas petições.

A lista de ações de graças de Paulo

Enquanto oram eles a vosso favor, com grande afeto, em virtude da superabundante graça de Deus [seu favor e misericórdia e bênção espiritual] que há [que transparece] em vós.

Graças a Deus pelo seu dom [precioso] inefável [seu presente gratuito, indescritível, inexprimível]!

2 Coríntios 9.14-15

Como Jesus, Paulo agradecia a Deus por muitas coisas. Ele agradecia porque as pessoas o haviam recebido como ministro. Ele agradecia pelos seus companheiros. Agradecia pelas igrejas que fundou. Agradecia pelas pessoas das igrejas. Agradecia até mesmo por ter falado em línguas estranhas. Agradecia especialmente a Deus ... *que, em Cristo, sempre nos conduz em triunfo [como troféus da vitória de Cristo] e, por meio de nós, manifesta em todo lugar a fragrância do seu conhecimento.* (2 Co 2.14.)

Mas como vemos em 2 Coríntios 9.15, a coisa pela qual Paulo mais agradecia a Deus, além do próprio Cristo, era a graça. Por quê? Porque Paulo sabia que é pela graça de Deus que recebemos cada coisa boa que ele escolhe nos conceder.

Eu e você temos todos os tipos de coisas para sermos agradecidos nesta vida. O problema é adquirirmos o mau hábito de assumir como de direito o que recebemos. A razão disso é porque nunca tivemos de viver sem essas coisas. Como estamos acostumados a ter abundância de água limpa e comida saudável, boas roupas e boa casa, transporte adequado e excelente educação, liberdade, segurança e tudo mais, esquecemo-nos de que milhões de pessoas no mundo não desfrutam dessas bênçãos maravilhosas. É por isso que acredito que se queremos ter uma atitude de gratidão devemos fazer isso com um propósito. Deus nos ajudará, ensinando-nos e lembrando-nos, mas nós também teremos de desenvolver novos hábitos.

O Espírito de graça e súplica

Sentença [o objeto a ser erguido] pronunciada pelo SENHOR contra Israel. Fala o SENHOR, o que estendeu o céu, fundou a terra e formou o espírito do homem dentro dele.

Eis que eu farei de Jerusalém um cálice de tontear para todos os povos em redor e também para Judá, durante o sítio contra Jerusalém.

Naquele dia, farei de Jerusalém uma pedra pesada para todos os povos; todos os que a erguerem se ferirão gravemente; e, contra ela, se ajuntarão todas as nações da terra.

Naquele dia, o SENHOR protegerá os habitantes de Jerusalém; e o mais fraco [espiritualmente] dentre eles, naquele dia [de perseguição], será [forte e nobre] como Davi, e a casa de Davi [manterá sua supremacia e] será como Deus, como o Anjo do SENHOR diante deles.

Naquele dia, procurarei destruir todas as nações que vierem contra Jerusalém.

E sobre a casa de Davi e sobre os habitantes de Jerusalém derramarei o espírito da graça [ou favor imerecido] e de súplicas...

Zacarias 12.1-3,8-10

Nessa passagem, Deus está dizendo ao seu povo que destruirá todos os seus inimigos e lhes dará uma grande vitória derramando sobre eles seu Espírito de graça (ou favor imerecido) e de súplica.

Não há como viver em vitória sem uma compreensão do Espírito de graça e súplica. Essas duas palavras, *graça e súplica*, caminham juntas porque o Espírito de súplica é um Espírito de oração, de petição a Deus pelas coisas de que precisamos ao invés de uma tentativa pessoal de fazer com que as coisas aconteçam.

Então o que Deus está nos dizendo aqui é: "Quando o Espírito de súplica vier sobre você e você começar a orar em fé, então meu Espírito de graça fluirá abundantemente em sua vida. Por meio desse canal da oração eu farei em sua vida, pelo meu poder, o que precisa ser feito e que você não pode fazer sozinho."

O povo do Velho Testamento nunca teve esse privilégio. Eles tiveram de trabalhar, e lutar, e esforçar-se, e extenuar-se porque viviam debaixo da lei. E a regra era que se alguém deixasse de cumprir uma parte da lei era culpado de toda a lei.

É por isso que a mensagem da graça é de tão boas-novas. É a mensagem do poder de Deus vindo a nós, gratuito, apenas por acreditarmos nele. Você entende quão maravilhoso é não precisarmos ser perfeitos para que Deus nos ajude? Não termos de fazer tudo certinho em nossa vida antes que Deus intervenha em nosso favor? Que tudo o que temos a fazer é pedir-lhe e, então, ter fé que ele fará o que pedimos – ainda que não sejamos perfeitos? Que tudo o que temos a fazer para receber a ajuda que precisamos é vir sem medo, confiante e corajosamente ao trono de graça de Deus?

O trono da graça de Deus

> Porque não temos sumo sacerdote que não possa compadecer-se das [e entender e simpatizar com] nossas fraquezas [e enfermidade e probabilidade de assaltos da tentação]; antes, foi ele tentado em todas as coisas, à nossa semelhança, mas sem pecado.

Acheguemo-nos, portanto, sem medo e confiantemente [e corajosamente], junto ao trono da graça [o trono de favor imerecido de Deus a nós pecadores], a fim de recebermos misericórdia [para nossos erros] e acharmos graça para socorro em ocasião oportuna [ajuda adequada e ajuda no tempo certo, que vem exatamente quando precisamos dela].

Hebreus 4. 15,16

Não é maravilhoso que eu e você não tenhamos de viver debaixo da lei, lutando, esforçando-nos e nos extenuando para alcançar e manter a perfeição sem a qual não podemos nos sentir seguros de que Deus responderá nossas orações e será gracioso a nós? Não é maravilhoso podermos vir sem medo, confiantes e corajosamente ao trono da graça de Deus [o trono do seu favor imerecido a nós] e receber misericórdia e graça para nos ajudar em tempo de necessidade?

Tenho me beneficiado desse maravilhoso privilégio muitas vezes.

Há várias coisas que Deus fez que mudaram minha vida radicalmente. Uma dessas coisas foi batizar-me com o Espírito Santo. Outra foi dar-me a revelação de diversos versículos sobre pedir e receber que apresentei no primeiro capítulo deste livro e aos quais quero me reportar outra vez resumidamente.

Pedindo a Deus

De onde procedem guerras e contendas [discórdias e animosidades] que há entre vós? De onde, senão dos prazeres que militam na vossa carne?

Cobiçais [o que os outros têm] e nada tendes; [Então] matais [Odiar é matar, no que diz respeito aos vossos corações] e invejais, e nada podeis obter [a gratificação o contentamento e a felicidade que procurais]; viveis a lutar e a fazer guerras. Nada tendes, porque não pedis.

Tiago 4.1-2

O que nos faz miseráveis e infelizes? Por que nos frustramos? Por que não conseguimos viver bem uns com os outros? Por que estamos sempre tão irritados e em constante perturbação? Por que não estamos andando em alegria e paz? A resposta é óbvia. É porque nossa vida não está verdadeiramente submissa e controlada pelo Espírito de graça e súplica.

Sabemos que podemos ter nascido de novo e ter sido batizados com o Espírito Santo e ainda assim sermos totalmente miseráveis. Como já vimos, nem a salvação nem o batismo com o Espírito Santo são garantia de vitória. Há outras coisas que precisamos aprender e aplicar à nossa vida, se quisermos viver vitoriosamente. A mais importante delas é a total dependência do Senhor.

A grande revelação que recebi dessa passagem de Tiago foi o fato de que eu não apenas não estava pedindo ao Senhor aquilo de que precisava em minha vida, mas também que todo meu relacionamento com ele estava baseado em fazer. Eu precisava aprender a vir ao Senhor como uma criancinha, lançando-me a ele em total dependência ao invés de tentar ser independente e fazer as coisas por mim mesma.

Assim que recebi essa revelação sobre lançar-me sobre o Senhor e pedir-lhe aquilo de que eu precisava, comecei a pedir absolutamente tudo a que tinha direito. Ao invés de lutar e me extenuar, eu estava lançando e pedindo. Nada era muito grande ou muito pequeno para que eu lançasse sobre o Senhor e lhe pedisse para tomar conta por mim.

Se meu marido Dave quisesse assistir a uma partida de futebol na televisão e as crianças e eu quiséssemos assistir a um filme, em vez de começar uma guerra, eu ia a outro cômodo e orava: "Senhor, se queres que assistamos esse filme como uma família, por favor mude o coração do Dave". Eu confiava em Deus para mudar o coração do Dave se isso não estivesse correto diante do Senhor. Caso contrário, eu estava pronta para aceitar a situação.

A Bíblia nos assegura que tudo que tentarmos conseguir por nós mesmos o próprio Deus não permitirá que tenhamos sucesso. Ele vai nos bloquear ou se opor a nós – até que nos rendamos, nos humilhemos e o busquemos dizendo: Pai, não posso resolver esse problema; se o queres resolvido, tu mesmo terás de fazê-lo".

Por isso é que digo que devemos ser *totalmente* dependentes do Senhor, não apenas meramente tentar usar o "lance e peça" apenas como mais uma forma de manipulação para conseguirmos o que queremos de Deus ou de outras pessoas. Esse tipo de manipulação, como qualquer outra obra, apenas produz frustração. A única forma de encontrar paz e alegria na vida é verdadeiramente lançando todos os nossos cuidados sobre o Senhor, pedindo-lhe para cuidar deles como melhor lhe parecer – crer nele para fazer isso. Peça a Deus o que você quer, mas dependa dele para dar-lhe o que é melhor em todos os aspectos.

O dom do Espírito Santo

O Espírito de graça e súplica é o Espírito Santo. Ele é um presente de Deus, recebido simplesmente mediante a petição em fé e confiança.

> Por isso, vos digo: Pedi [e continuai pedindo], e dar-se-vos-á; buscai [e continuai buscando], e achareis; batei [e continuai batendo], e abrir-se-vos-á.
>
> Pois todo o que pede [e continua pedindo] recebe; o que busca [e continua buscando] encontra; e a quem bate [e continua batendo], abrir-se-lhe-á.

Qual dentre vós é o pai que, se o filho lhe pedir pão, lhe dará uma pedra? Ou se pedir um peixe, lhe dará em lugar de peixe uma cobra?

Ou, se lhe pedir um ovo lhe dará um escorpião?

Ora, se vós, que sois maus, sabeis dar boas dádivas [dádivas que são para o benefício deles] aos vossos filhos, quanto mais o Pai celestial dará o Espírito Santo àqueles que lho pedirem [e continuarem a pedir]?

Lucas 11.9-13

Essa passagem diz basicamente a mesma coisa que Mateus 7.7-11:

Pedi [Continuai pedindo, e dar-se-vos-á]; buscai [continuai buscando] e achareis; batei [continuai batendo reverentemente], e [a porta] abrir-se-vos-á.

Pois todo o que pede [persevera em pedir], recebe; o que busca [persevera em buscar], encontra; e, a quem bate [persevera em bater], [a porta] abrir-se-lhe-á.

Ou qual dentre vós é o homem que, se porventura o filho lhe pedir pão, lhe dará pedra?

Ou, se lhe pedir um peixe, lhe dará uma cobra?

Ora, se vós, que sois maus, sabeis dar boas [e vantajosas] dádivas aos vossos filhos, quanto mais vosso Pai, que está nos céus [sendo perfeito], dará boas [e vantajosas] coisas aos que lhe pedirem [persistirem em lhe pedir]?

Ambas as passagens nos dizem para continuar pedindo, buscando e batendo, de forma contínua, dia-a-dia, sete dias por semana, cinqüenta e duas semanas por ano, para que continuemos a receber aquilo de que estamos precisando.

Quantas vezes ficamos acordados a noite toda lutando com nossos problemas, perdendo o sono com eles, ao invés de simplesmente lançar nossos cuidados ao Senhor e pedir-lhe para satisfazer nossas necessidades – e, então, depender dele para assim fazer.

Lembre-se de Tiago 4.2: ... *vós não tendes, porque não pedis.* Mas consideremos também João 16.24: ... *pedi e recebereis, para que a vossa alegria seja completa.*

Quantas vezes tentamos ser curados sem pedir por cura a Deus? Quantas vezes tentamos ser prósperos sem pedir prosperidade a Deus? E quantas vezes tentamos resolver nossos próprios problemas sem pedir a Deus para resolvê-los por nós?

Nosso erro é deixar de pedir, de buscar e de bater, deixar de depender de Deus, nosso amoroso Pai celestial, para nos dar todas as boas coisas que pedimos a ele.

Essa é a mensagem básica destas passagens. Entretanto, há uma importante diferença nelas. Em Mateus 7.11, o autor do Evangelho registra Jesus perguntando: *Ora, se vós, que sois maus, sabeis dar boas dádivas aos vossos filhos, quanto mais vosso Pai, que está nos céus, dará boas coisas aos que lhe pedirem?* Em Lucas 11.13, o autor do Evangelho registra Jesus perguntando: *Ora, se vós, que sois maus, sabeis dar boas dádivas aos vossos filhos, quanto mais o Pai celestial dará o Espírito Santo àqueles que lho pedirem?*

Freqüentemente, usamos essa passagem como a base para receber o batismo do Espírito Santo, e está correto. Mas penso que há muito mais aqui. Observe que ambas as passagens dizem que se nós, que somos maus, sabemos como abençoar nossos filhos com bons presentes, quanto mais nosso Pai celeste, que é perfeito, deseja abençoar seus filhos com coisas boas. A mais importante dessas "coisas boas" que Deus quer nos dar é o Espírito Santo.

A dádiva de Deus, o Espírito de graça é o que traz cada boa dádiva à sua vida. É para isso que o Espírito nos é dado, para produzir em nossa vida tudo de que precisamos. Foi essa revelação que teve um impacto tão tremendo em minha vida. Até aquele momento, eu estava tentando, com todo esforço, fazer com que as coisas acontecessem para satisfazer minhas próprias necessidades, mas, então, tornou-se simples: se eu precisava de alguma coisa, tudo o que precisava fazer era pedir.

Então, agora, se preciso de ajuda, peço. Em vez de gastar todo meu tempo e energia e esforço tentando resolver meus problemas em meu limitado conhecimento e compreensão, simplesmente peço ao Senhor para cuidar deles, dependendo dele para resolvê-los da melhor maneira, de acordo com sua vontade e sabedoria divinas.

O que percebi foi que o Espírito Santo tem um ministério atual. Isso é o que Jesus queria dizer quando falou aos seus discípulos que era melhor ou mais vantajoso para eles se ele os deixasse, porque, então, o Espírito Santo, o Confortador, o Presente de Deus, viria a eles e habitaria com eles e neles.

Agora vamos nos deter por um momento neste presente maravilhoso chamado Espírito Santo.

O Espírito Santo como pessoa

E eu rogarei ao Pai, e ele vos dará outro Consolador [Conselheiro, Ajudador, Intercessor, Advogado, Fortalecedor e Companheiro], a fim de que esteja para sempre convosco.

O Espírito da verdade, que o mundo não pode receber [dar as boas vindas, receber no coração], porque não o vê, nem o conhece; vós o conheceis, porque ele habita convosco e estará em vós.

João 14.16,17

Antes que o Senhor me desse essa revelação do ministério atual do Espírito Santo, eu realmente não entendia que o Espírito Santo é uma pessoa. Claro, eu sabia que o Espírito Santo é freqüentemente chamado de terceira pessoa da Trindade, mas eu sempre me referia ao Espírito Santo como "ele". Eu perguntava às pessoas: "Você 'o' recebeu"? Mas estou feliz de dizer-lhe que o Espírito Santo é muito mais do que isso.

O Espírito Santo é um dom de Deus, concedido a nós por sua graça, pedido em oração e recebido pelo canal da fé. Suas múltiplas funções como Confortador, Conselheiro, Ajudador, Intercessor, Advogado, Fortalecedor e Companheiro podem ser resumidas dizendo que seu propósito é estar exatamente no centro da nossa vida e fazê-la trabalhar para a glória de Deus.

Se você não sabe muito sobre a pessoa do Espírito Santo, eu o encorajo a começar a estudar e a descobrir tudo o que puder sobre ele. Porque o Espírito Santo está em você, com você, à sua volta e sobre você. Ele quer ser envolvido pessoalmente em sua vida. Ele lhe foi dado para você realizar uma série de coisas em você, por intermédio de você e para você.

O Espírito Santo como Santificador

Entretanto, vos escrevi em parte mais ousadamente, como para vos trazer isto de novo à memória, por causa da graça que me foi outorgada por Deus,

Para que eu seja ministro de Cristo Jesus entre os gentios, no sagrado encargo de anunciar o evangelho de Deus, de modo que a oferta deles seja aceitável, uma vez santificada pelo Espírito Santo.

Romanos 15.15,16

Na tradução de João Ferreira de Almeida Revista e Atualizada de João 14.22, Jesus disse aos seus discípulos: *Vou prepa-*

rar-vos lugar. Mais adiante no mesmo capítulo, ele lhes disse que rogaria ao Pai para dar-lhes outro Consolador para habitar sempre com eles. Esse Consolador, claro, é o Espírito Santo.

Então, como Jesus foi preparar lugar para nós, creio que ele enviou o Espírito Santo para preparar-nos para aquele lugar.

O Espírito Santo é o Santificador, o agente de santificação em nossa vida. Se você estudar o assunto santidade, você aprenderá que não há como uma pessoa tornar-se santa sem um grande envolvimento do Espírito Santo em sua vida. Por quê? Porque o Espírito Santo é o poder de Deus dado a nós para fazer em nós e por intermédio de nós e por nós e para nós o que jamais poderíamos fazer sozinhos.

Antes da minha revelação, eu nunca tinha tido muito envolvimento com o Espírito Santo. Agora, creio firmemente que deveríamos orar ao Pai em nome de Jesus, mas eu também acredito que precisamos ter comunhão com o Espírito Santo juntamente com o Pai e o Filho. Foi mediante minha comunhão com ele que vim a entender a função do Espírito Santo como Ajudador.

O Espírito Santo como Ajudador

Vimos que a palavra Confortador, usada para referir-se ao Espírito Santo, pode ser traduzida de diversas formas, de acordo com as muitas e diferentes funções que ele tem na vida do crente. Uma das funções é a de Ajudador.

Bem, eu jamais havia pensado no Espírito Santo, a terceira pessoa da Trindade, como meu Ajudador pessoal. Posso lhe assegurar que era uma mulher que precisava de um bocado de ajuda, mas você acha que eu estava pedindo isso? Não, como disse mais de uma vez, o que eu estava fazendo era tentar. Por causa do meu orgulho, da minha teimosia e determinação para fazer tudo por mim mesma, eu não me humilhava para pedir ao Senhor para me ajudar. Eu não sabia como pedir ajuda a Deus, especialmente em circunstâncias simples, corriqueiras. Coisas como arrumar meu cabelo ou arrumar a casa para receber uma visita.

Eu pensava que nós, crentes, só podíamos pedir a ajuda de Deus se estivéssemos em uma situação que fosse muito difícil para nós. Achava que nosso Pai celestial estava interessado apenas em se envolver com nossa vida quando deparássemos com problemas imensos, desesperadores, que se adaptavam à sua categoria divina.

Não posso lhe dizer o que significou para meu relacionamento pessoal com o Senhor o fato de eu começar a descobrir e entender que Deus estava interessado e preocupado a respeito de cada pequeno, minúsculo detalhe da minha vida. Não posso descrever o choque que foi para mim aprender que ele queria ajudar-me com tudo em minha vida e que cada vez que ficava frustrada era porque não estava buscando sua ajuda.

Sabemos que de tempos em tempos há intercessores orando por nós e pedindo ao Senhor para intervir em nossas circunstâncias, porque não somos capazes ou não sabemos o suficiente para pedir por nós mesmos. Mas há tempos em que precisamos assumir a responsabilidade pela nossa própria vida. Por que Deus simplesmente não nos ajuda quando vê que precisamos de ajuda? Porque o Espírito Santo é um cavalheiro; ele não interfere em nossos negócios pessoais sem ser convidado. Ele não bate à nossa porta; em vez disso, espera ser convidado para assumir a direção.

Então, o Senhor precisou ensinar-me que ele queria me ajudar até mesmo com as pequenas coisas do dia-a-dia, como arrumar meu cabelo do jeito que eu queria.

Certa vez, um pouquinho antes de sair para dar um estudo bíblico, fiquei tão frustrada enquanto tentava fazer um topete em meu cabelo que estive a ponto de quase bater com a escova em minha cabeça. O que quero dizer é que estava irritada!

Você não sabe que Satanás ama profundamente esse tipo de coisa? Você não sabe que o diabo fica muito contente em ver uma senhora adulta bater com a escova em sua própria cabeça porque não consegue arrumar o cabelo do jeito que ela quer? Você não sabe que o inimigo fica excitado em ver um cristão tão teimoso e egoísta para pedir ao Senhor para se envolver e ajudá-la?

Na minha ignorância e orgulho, eu estava fazendo o jogo do diabo. Mas, nesse dia, o Senhor estava determinado a fazer com que eu entendesse seu ponto. Então, quando tudo mais falhou, finalmente desisti e orei em desespero: "Senhor, tu disseste que não temos porque não pedimos, então estou te pedindo para me ajudar a arrumar meu cabelo. Em nome de Jesus, faça essa mecha de cabelo enrolar, amém"!

Então, tentei de novo. O mesmo aparelho de encrespar, o mesmo pedaço de cabelo, a mesma operação. Coloquei o cabelo de volta na escova, puxei para trás outra vez, enrolei, tirei a escova – e lá estava este pequeno e perfeito topete!

Bem, você pode achar esta história um pouco ridícula, mas há um ponto aqui. Algumas vezes chegamos a uma altura em nossa vida em que percebemos que, a menos que o Senhor se envolva pessoalmente em nossa circunstância, nada vai acontecer. Você pode jamais chegar ao ponto de bater na cabeça com a escova de cabelo (espero que não!), mas pode chegar ao ponto em que será tentado a fazer algo até mais tolo – ou mais perigoso! Você pode ter de chegar ao fundo do poço antes de desistir do seu orgulho, de sua ira e de sua teimosia e pedir ao Senhor se envolva em sua vida.

Essa história sobre meu cabelo apenas ilustra como eu estava frustrada naquele momento da minha vida, porque eu não conseguia fazer com que nada desse certo, a despeito de quanto tentasse. Não fazia muita diferença quanta fé eu confessava possuir, eu não podia mudar meu marido ou meus filhos ou até a mim mesma. Mediante aquela pequena experiência com meu cabelo, aprendi que minha única esperança de conseguir qualquer progresso em minha vida era pedindo a Deus para me ajudar. Foi, então, que comecei a me conscientizar da presença do Espírito Santo em minha vida, como meu Amigo, meu Conselheiro, Ajudador, Intercessor e Advogado, meu Fortalecedor e Companheiro.

O Espírito Santo como fortalecedor e auxiliar

Esta última palavra tem significado e aplicação especiais para nós em nossa moderna era do jato. Estamos todos conscientes dos passageiros de avião que ficam na "lista de espera", significando que eles ficam ao lado do balcão de bilhetes da companhia aérea esperando para adiantar-se e reivindicar um assento no primeiro vôo disponível. O Senhor usou essa cena para me ensinar sobre o Espírito Santo como nosso companheiro, aquele que está ao nosso lado o tempo todo esperando pela primeira oportunidade disponível para entrar em ação e nos dar a ajuda e a força de que precisamos – razão pela qual ele é também chamado nosso Ajudador, nosso Fortalecedor.

Aprendi que uma das orações mais espirituais que podemos oferecer é a oração de uma palavra: "Ajuda-me"! Não posso dizer-lhe quantas vezes por semana eu paro e clamo a Deus: "Ajuda-me, Senhor, fortalece-me. Sei que estás aqui porque a Bíblia promete que estás sempre ao meu lado para me ajudar e fortalecer em cada situação da vida".

Se quisermos ter vitória real, se quisermos desfrutar a vida abundante que Cristo nos proporciona pela sua morte, temos de aprender a simples verdade bíblica que não temos porque não pedimos. Enquanto tentarmos fazer tudo sozinhos, do nosso jeito e com a nossa força, não apenas nos frustraremos, mas frustraremos também a graça do Espírito Santo, porque é uma parte vital do seu ministério ajudar e fortalecer aqueles que servem ao Senhor. Ele é mandado para nos ministrar graça.

Estou convencida que muito da nossa frustração na vida vem porque não estamos recebendo a ajuda e força que o Espírito Santo está constantemente nos oferecendo. Mais e mais estou aprendendo a evitar a frustração beneficiando-me dessa semprepresente fonte de ajuda e força.

Algumas vezes, quando estou pregando e ensinando dia após dia, noite após noite, fico tão extenuada que tenho de orar: "Senhor, ajuda-me, preciso da tua força". Há ocasiões em que tenho sete reuniões em quatro dias. Freqüentemente fico tão cansada que preciso me lembrar de que minha ajuda vem do Senhor e clamar a ele, lembrando sua promessa de que aqueles que esperam nele renovarão as suas forças. (Salmo 121.2; Isaías 40.31.) Em tais momentos, sempre recebo a ajuda e força de que preciso para terminar o trabalho que Deus tem me dado para fazer.

Mas estar de prontidão para nos dar ajuda e força é apenas um dos papéis e uma das funções do Espírito Santo. A outra é a de Professor, Guia e Conselheiro.

O Espírito Santo como conselheiro

> Mas o Consolador [Ajudador, Intercessor, Advogado, Fortalecedor, Companheiro], o Espírito Santo, a quem o Pai enviará em meu nome [em meu lugar, para me representar e agir em meu nome], esse vos ensinará todas as coisas e vos fará lembrar de [vos fará recordar, trará à lembrança] tudo o que vos tenho dito.
>
> João 14.26

Quantas vezes nos frustramos tentando resolver alguma coisa? Quantas vezes corremos a outras pessoas em busca de conselho ou opinião apenas para nos sentirmos mais frustrados porque percebemos que a outra pessoa não sabe nem um pouquinho mais do que nós sobre a situação?

Não estou dizendo que jamais deveríamos buscar uma opinião ou conselho de outros, particularmente daqueles especialmente treinados nessa área. O que estou dizendo é que precisamos ser conduzidos pelo Espírito Santo, até mesmo ao procurar uma opinião ou conselho de outras pessoas.

Nós, crentes, devemos nos lembrar de que o Espírito Santo é nosso Conselheiro. Em minha própria vida, tenho aprendido que se não sei como lidar com uma situação, simplesmente digo: "Espírito Santo, ensina-me e aconselha-me."

Serei honesta com você: eu e meu marido Dave somos apenas pessoas comuns que não têm nenhuma idéia de como administrar um ministério como o nosso. Sem a ajuda de Deus, não teríamos nenhuma esperança de sermos capazes de fazer o que estamos fazendo. Não posso contar quantas vezes dizemos ao Senhor: "Pai, mostra-nos, ensina-nos, aconselha-nos, ajuda-nos, fortalece-nos. Espírito Santo, este é teu ministério, e nós estamos te dando completa responsabilidade nele. Conduze-nos no caminho em que devemos andar".

Quando você entrega uma situação ao Senhor, então deixe isso com ele. Não tente lidar com ela na sua própria força e sabedoria. Posso dizer-lhe por experiência: não vai funcionar. Vai apenas conduzi-lo a mais miséria e frustração. Confie no Senhor totalmente. Deixe o Conselheiro, o Espírito da Verdade guiá-lo em toda a verdade. (João 16.13.) É por isso que ele lhe foi dado.

O Espírito de paz

Deixo-vos a paz, a minha [própria] paz vos dou; não vo-la dou como a dá o mundo. Não se turbe o vosso coração, nem se atemorize [Não vos permitais ficar agitados ou perturbados; e não vos permitais ficar com medo e atemorizados, covardes e inseguros].

João 14.27

Esse verso vem imediatamente depois daquele em que Jesus disse aos discípulos que o Espírito Santo, que o Pai, mandará em seu nome, lhes ensinará todas as coisas e lhes fará lembrar, ou lhes trará à lembrança tudo que ele lhes disse. Esse é também um dos papéis do Espírito Santo na vida do crente, parte do seu ministério em nosso favor.

Não há como eu e você vivermos em paz neste mundo se não soubermos receber de forma contínua o ministério do Espírito Santo. Por quê? Porque tentaremos viver por obras ao invés de viver pela graça. Como Paulo nos ensinou, estas duas, graça e obras, não têm nada a ver uma com a outra. Se quisermos viver em paz, então precisamos colocar de lado nossas obras e depender totalmente da graça de Deus. Devemos depender do Espírito Santo como nosso Conselheiro, que nos conduzirá a toda a verdade e trará todas as coisas à nossa memória, dando-nos santa recordação.

Você percebe quão grande pode ser nossa paz se tão-somente abrirmos mão de tentar imaginar antecipadamente tudo que precisamos dizer e fazer em cada situação com que depararmos na vida?

Se você for como eu, você se cansa ao extremo tentando se preparar para cada situação com que você provavelmente deparará no futuro. Você tenta planejar e ensaiar cada palavra que vai falar em cada entrevista e conversa.

Jesus nos está dizendo aqui que não precisamos fazer isso. Ele está nos dizendo para confiar tudo ao Espírito Santo, que nos guiará e nos dirigirá. Quando precisamos realmente tomar decisões difíceis ou resolver problemas complicados ou confrontar pessoas difíceis, ele decidirá o tempo adequado e o melhor enfoque. Ele nos dará as palavras certas para falar. (Mateus 10.19-20.) Até lá, não precisamos nos preocupar com isso.

Se ouvirmos o que o Senhor nos está dizendo nessa passagem, não apenas teremos mais paz, mas também desfrutaremos maior sucesso. Porque, quando tivermos de falar, o que sairá de nossa boca será sabedoria espiritual de Deus, e não alguma coisa que temos de extrair de nossa própria mente carnal.

Mas, para desfrutarmos esse tipo de paz e confiança, precisamos a aprender a confiar no Espírito Santo. E a forma como aprendemos a confiar no Espírito Santo é conhecendo-o, o que vem da comunhão com ele.

Comunhão com o Espírito Santo

> Mas eu vos digo a verdade: convém-vos [é bom, propício, vantajoso] que eu vá, porque, se eu não for, o Consolador [Conselheiro, Ajudador, Advogado, Intercessor, Fortalecedor, Companheiro] não virá para vós outros [em comunhão íntima convosco]; se, porém, eu for, eu vo-lo enviarei [para estar em comunhão íntima convosco].
>
> João 16.7

Aqui, no último verso que examinaremos em nosso estudo sobre o ministério do Espírito Santo, Jesus nos diz que o Espírito Santo nos é dado para que possamos ter íntima comunhão com ele e ele conosco.

Antes de encerrarmos este assunto, gostaria de desafiá-lo a fazer duas coisas. Primeiro, eu o encorajo a tomar *The*

*Amplified Bible*¹ e estudar cada uma das palavras em João 16.7-11 descrevendo o ministério do Espírito Santo e perguntando-se: "Estou permitindo que o Espírito Santo seja meu Consolador, Conselheiro, Ajudador, Advogado, Intercessor, Fortalecedor e Companheiro pessoal, ou estou tentando ser todas essas coisas sozinho? Estou dependendo da graça de Deus ou do meu esforço"?

Segundo, eu o encorajo a iniciar uma íntima comunhão com o Espírito Santo. Quando acordar pela manhã diga: "Bom dia, Espírito Santo. Estou dependendo de ti para me conduzir neste dia. Tu conheces minhas necessidades e fraquezas. Conduze-me, guia-me e dirige-me em toda a verdade. Fortalece-me em tudo em que eu puser as minhas mãos. Ajuda-me a evitar e a resistir a tentação e a vencer cada desafio que enfrentar. Dá-me as palavras para falar e mostra-me o caminho pelo qual devo andar neste dia, para a glória de Deus Pai, amém".

Então ore ao Senhor, dizendo: "Pai, oro para que eu receba o ministério do Espírito Santo hoje, em toda a sua plenitude. Peço-te que me supras de tudo que preciso mediante a presença e o poder do teu Espírito que está comigo e vive em mim. Em nome de Jesus, amém".

Abrindo o caminho para Deus agir

Ora, àquele que é [como conseqüência de ser] poderoso [para realizar seu propósito e] fazer infinitamente mais do que tudo quanto [ousamos] pedimos ou pensamos [infinitamente além das nossas mais elevadas orações, desejos, pensamentos, es-

---

[1] *The Amplified Bible* — A Bíblia Amplificada — foi publicada nos EUA por Lockman Foundation, Califórnia. Ainda não foi traduzida para o português. (Nota da tradutora.)

peranças ou sonhos], conforme o seu [a ação do seu] poder que opera em nós,

A ele seja a glória, na igreja e em Cristo Jesus, por todas as gerações, para todo o sempre. Amém [assim seja]!

Efésios 3.20-21

Essa passagem bíblica resume toda a mensagem que estou lhe apresentando neste livro: embora eu e você sejamos responsáveis pelo pedir, é o poder de Deus que opera o fazer.

Deus é capaz de fazer muito mais do que nós sabemos como pedir. Essa é outra razão por que ele nos dá o Espírito Santo para estar conosco, para viver em nós e para ministrar a nós – e, então, saberemos como pedir.

Eu o encorajo a abrir o canal para Deus começar a se mover em sua vida, de forma vigorosa e poderosa, por meio muito mais pedidos. Peça, e peça, e peça. Persista em pedir, para que você possa receber e sua alegria possa ser completa. (João 16.24.)

Deixe-o pedir

Meus irmãos, tende por motivo de toda alegria o [sempre que] passardes [fordes atingidos ou encontrardes tentações de qualquer tipo] por várias provações.

Sabendo [e entendendo] que a provação da vossa fé, uma vez confirmada, produz perseverança [firmeza e paciência].

Ora, a perseverança [firmeza e paciência] deve ter ação completa [e fazer um trabalho completo], para que sejais [um povo] perfeitos e íntegros [sem defeitos], em nada deficientes.

Se, porém, algum de vós necessita de sabedoria, peça a Deus [galardoador], que a todos dá liberalmente e nada lhes impropera [sem repreender ou procurar falhas em vós]; e ser-lhe-á concedida.

Peça-a, porém, com fé, [para que peça] em nada duvidando [hesitando]; pois o que duvida [hesita, é indeciso] é semelhante à onda do mar, impelida e agitada [e lançada] pelo vento.

[Verdadeiramente] Não suponha esse homem que alcançará do Senhor alguma coisa [que pedir].

Tiago 1.2-7

Nessa passagem Tiago fala sobre como devemos reagir às várias provações e tentações pelas quais passamos na vida. Ele nos diz que tais coisas produzem perseverança, firmeza e paciência. Ele diz que devemos permitir que essas coisas façam um completo trabalho em nós para que saiamos delas mais fortes e melhores do que éramos antes.

Então, ele nos diz o que fazer se qualquer um de nós tiver pouca sabedoria, se qualquer um de nós não souber o que fazer em meio a provações e tentações. O que Tiago diz que tal pessoa deve fazer? Passar a noite inteira em ansiedade e preocupação? Correr para os amigos e vizinhos pedindo seu conselho?

Não, Tiago diz: "Deixe-o pedir".

Esse é o primeiro ponto importante pelo qual não devemos nos preocupar ou angustiar ou correr aos outros. Pelo contrário, devemos pedir.

O segundo ponto é igualmente importante: – A quem pedir? – perguntamos ao "Deus doador". Sua natureza é dar. Ele dá sem encontrar falhas em nós. Acho que esta é uma notícia extremamente boa.

E o terceiro ponto, tão vital quanto os anteriores: Como devemos pedir? "Com fé". Por que devemos pedir ao Deus doador com fé? Porque ... *de fato, sem fé é impossível agradar a Deus, porquanto é necessário que aquele que se aproxima de Deus creia que ele existe e que se torna galardoador dos que o buscam.* (Hebreus 11.6.)

O quarto ponto é pedir a Deus sem duvidar. Deveríamos decidir em que cremos e não sermos indecisos sobre isso.

Tiago nos diz que Deus é um Deus galardoador que dá a todos liberalmente e sem má vontade, sem reprovar ou procurar erros. Isso significa que quando vamos a ele pedindo-lhe auxílio, ele não retira a sua ajuda porque cometemos um erro. A razão pela qual não recebemos não é porque não merecemos o que estamos pedindo, mas porque não estamos pedindo com fé, porque perdemos nossa confiança ou porque estamos sendo inconstantes.

De acordo com Tiago, que tipo de Deus é Deus?
Um "Deus doador".
Como ele dá?
"Liberalmente e sem má vontade."
A quem ele dá?
"A todos."
Qual é sua atitude em dar?
"Sem reprovar ou encontrar falhas."

A versão Revista e Atualizada de Tiago 1.5 diz: *Se, porém, algum de vós necessita de sabedoria, peça-a a Deus, que a todos dá liberalmente e nada lhes impropera; e ser-lhe-á concedida.* A palavra *improperar* significa "lançar em rosto, censurar, criticar."[2]

---

[2] FERREIRA, Aurélio Buarque de Holanda. *Novo aurélio século XXI.* Verbete: "improperar"

Então, poderíamos parafrasear este versículo dizendo: "Se você precisar de sabedoria, peça ao Deus doador, que dá a cada um liberalmente, sem censurar ou criticar severamente por erros, porque ele quer ajudá-lo mesmo quando você não faz tudo exatamente certo".

Como temos visto, a maioria das pessoas permitirá que Deus as ajude somente quando acham que merecem. Sei que isso é verdade porque em minha vida, no passado, eu era assim. Por muitos e muitos anos eu permitia que Deus me ajudasse somente quando eu achava que havia feito por merecer, quando achava que tinha feito bastante boas ações para merecer sua ajuda. Esse tipo de pensamento não produz uma atitude de gratidão, uma atitude de ações de graças. Porque se pensamos que merecemos o que recebemos, então não é mais um presente, mas uma recompensa ou "pagamento por serviços prestados". A diferença entre receber o que não merecemos e receber o que merecemos é a diferença entre graça e obras. Por isso é que Deus jamais nos permitirá manifestar total perfeição nesta vida. Porque, se assim fosse, não mais seríamos dependentes dele. Não mais haveria necessidade de sua graça e misericórdia.

Isso não significa que não deveríamos continuar trabalhando em direção à marca da perfeição; significa apenas que jamais a alcançaremos até que ele volte para nos levar para o lar para estarmos com ele. Sempre vamos precisar de Deus e da sua graça em nossa vida, e por causa disso sempre estaremos agradecendo-lhe e louvando-o.

Ações de graças: base de uma vida de louvor

Por meio de Jesus, pois, ofereçamos a Deus, sempre [e a todo o tempo], sacrifício de louvor, que é o fruto de lábios que [agradecidamente reconhecem e] confessam [e glorificam] o seu nome.

Hebreus 13.15

Ações de graças, gratidão e louvor constituem a base para uma vida de poder. Louvor é um "conto" ou uma "narrativa", uma narração de alguma coisa que aconteceu na vida de uma pessoa. É a "confissão genuína de fatos na vida de alguém, que dá a glória a Deus."[3]

Em outras palavras, se continuarmos a pedir a Deus, se continuarmos a receber sua graça e poder, ficaremos tão surpresos que sempre teremos uma história para contar sobre as coisas maravilhosas que ele está fazendo por nós – coisas que não merecemos. Nossos lábios se tornarão fontes transbordantes de louvor em reconhecimento às boas coisas que o Senhor está fazendo em nossa vida cada dia.

Como vimos em Hebreus 13.15, estaremos constantemente e em todo o tempo oferecendo a Deus um sacrifício de louvor, o fruto dos nossos lábios que, agradecidamente, reconhecem e confessam e glorificam seu nome.

A Ele seja a honra e o louvor e a glória, agora e para sempre.

---

[3] VINE, W.E., *Dicionário expositivo Vine das palavras do Novo e do Velho Testamento* (Old Tappan: Fleming H. Revell Company, 1981), v. 3: Lo-Ser, p. 198.

6
Vivendo uma vida santa pela graça

Mas, pela graça de Deus, sou o que sou; e a sua graça, que me foi concedida, não se tornou vã; antes, trabalhei muito mais do que todos eles; todavia, não eu, mas a graça de Deus comigo.

1 Coríntios 15.10

Vimos que em Gálatas 2.21 Paulo disse: *Não anulo a graça de Deus...* Isso significa que ele não tentava substituir suas obras pelo presente da graça de Deus.

Nesse verso, Paulo diz que ele é o que é não por seus próprios esforços, mas pela graça de Deus, acrescentando que aquela graça não lhe foi concedida em vão.

A palavra *vã* significa "inútil", "sem propósito." Deus não derrama sua graça sobre nós sem uma razão ou sem um objetivo real em mente. A graça de Deus é derramada sobre nós não apenas para que a desfrutemos, mas também para que sejamos capacitados para fazer alguma coisa com ela.

Definimos graça como favor imerecido. Esse é um aspecto da graça sobre o qual, provavelmente, estamos mais acostumados a ouvir, e é maravilhoso. Mas vimos também que graça é muito mais que isso. Graça é poder – o poder do Espírito Santo para entrar em nossa vida e dominar nossas tendências más. Se isso é verdade, então aqueles que receberam uma "abundância de graça" (Romanos 5.17) deveriam ser capazes de viver uma vida santa.

Seja santo

[Vivei] Como filhos da obediência [a Deus], não vos amoldeis às paixões [que vos governavam] que tínheis anteriormente na vossa ignorância [quando vós não conhecíeis as exigências do Evangelho].

Pelo contrário, segundo é santo aquele que vos chamou, tornai-vos santos também vós mesmos em todo o vosso procedimento [e maneira de viver].

Porque escrito está: Sede santos, porque eu sou santo.

1 Pedro 1.14-16

Torna-se óbvio, à luz dessa passagem, que Deus espera que seus filhos sejam santos exatamente como ele é santo. Esta palavra *santo* é pequena no tamanho, mas grande em importância. Sendo tão pequena, ela diz muito.

O que significa ser santo? O que é santidade? Basicamente, *santidade* é "separação para Deus", uma separação que deveria resultar em "conduta condizente com aqueles assim separados".[1]

Na Palavra de Deus, aqueles que têm posto a fé em Jesus Cristo como Salvador e Senhor, são chamados separados, outra palavra para descrever aqueles que são santos. Como separados, como santos, o que se espera de nós é que representemos o Santo que nos chamou do mundo e nos separou para si mesmo por seu plano e propósito. (Romanos 8.28.)

---

[1] VINE, W.E. *Dicionário expositivo Vine das palavras do Novo e do Velho Testamento*, v. 2: E-Li, p. 225.

Nosso Ajudador Santo

O Espírito Santo é chamado por esse nome por um motivo. Algumas vezes nos acostumamos tanto a ouvir esse nome que nos esquecemos do que ele realmente significa. Ele é chamado santo porque isso é o que ele é, e seu propósito em habitar em nós é nos fazer santos também.

Mas, ao mesmo tempo que Deus quer e exige que sejamos santos, ele percebe nossa fraqueza e inabilidade. Ele sabe que sem ajuda nunca poderemos ser o que ele deseja que sejamos ou fazer o que ele deseja que façamos. É por isso que ele mandou o seu Espírito (Consolador, Conselheiro, Ajudador, Intercessor, Advogado, Fortalecedor e Companheiro) para nos ajudar a cumprir sua vontade e propósito para nós.

Eu disse que Jesus foi preparar um lugar para nós e que o Espírito Santo foi mandado para nos preparar para aquele lugar. Isso não está na Bíblia, mas é bíblico; ou seja, é uma verdade baseada na Palavra de Deus. O processo por meio do qual o Espírito Santo nos faz santos ou nos conduz à santidade é chamado santificação.

Santificação

Santificação é uma palavra encontrada em todo o Novo Testamento. Simplesmente se refere ao processo que Deus usa para fazer uma obra em nós, pelo Espírito Santo que habita em nós, para nos tornar mais e mais santos, até que finalmente nos tornemos exatamente como seu Filho Jesus.

A finalização de tal processo jamais ocorrerá enquanto estivermos em nossos corpos terrenos. Mas não devemos estar preocupados a esse respeito. A única coisa sobre a qual devemos nos preocupar é sobre o progresso. A pergunta que devemos nos fazer é: estamos fazendo progresso em direção à santidade, estamos cooperando com o Espírito Santo e permitindo-lhe fazer o que ele quer fazer em nossa vida?

Como crentes, não devemos ficar ansiosos a respeito de santidade ou do processo de santificação, mas devemos ser sérios sobre isso. Devemos reconhecer que é a vontade de Deus para nós.

Devemos desejar isso de todo o nosso coração. Devemos fazer todo o esforço possível para cooperar com o Espírito Santo que está trabalhando para fazer com que isso aconteça dia após dia.

Mas, ao mesmo tempo em que não devemos nos preocupar com santidade, devemos também não ter uma atitude descuidada em relação ao pecado.

A graça não é uma licença para pecar

Sobreveio a lei para que avultasse a ofensa; mas onde abundou o pecado, superabundou a graça;

E daí? Havemos de pecar porque não estamos debaixo da lei, e sim da graça? De modo nenhum!

Não sabeis que daquele a quem vos ofereceis como servos para obediência, desse mesmo a quem obedeceis sois servos, seja do pecado para a morte ou da obediência para a justiça?

Romanos 5.20; 6.15,16

Quando falamos sobre graça, devemos ser cuidadosos para não pensar nela como um cobertor que nos cobre e nos dá licença para pecar.

Quando Paulo começou a ensinar o povo do seu tempo sobre a lei e a graça e como a lei produz o pecado, mas onde o pecado abunda superabunda a graça, os primeiros crentes ficaram um pouco confusos. Eles raciocinaram: "Bem, então se quanto mais eu pecar mais graça haverá, e se Deus tem tanto prazer em nos dar sua graça, então deveríamos pecar tanto quanto pudéssemos, assim poderíamos obter mais graça"! (Romanos 6.15.)

Então Paulo teve de escrever para corrigi-los dizendo: "Não sabeis que daquele a quem vos ofereceis como servos para obediência, desse mesmo a quem obedeceis sois servos, seja do pecado para a morte ou da obediência para a justiça"? (Romanos 6.16.)

Como os crentes dos dias de Paulo, nosso problema não é apenas uma compreensão errônea de pecado, é também uma compreensão errônea de graça. Quando o Espírito Santo nos mostra o que fazer para nos manter afastados de pecar e para andar em santidade, imediatamente tentamos fazer isso sozinhos, sem sua ajuda. Lutamos, e nos esforçamos e nos extenuamos, finalmente acabando miseráveis e frustrados e confusos porque não entendemos por que continuamos falhando.

É por isto que prego e ensino esta mensagem da graça: para que possamos entender o que é graça, porque nos foi dada e o que se espera que realize em nós – que é *nos capacitar a viver uma vida santa*. Não acho que terminamos um estudo sobre graça até que tenhamos aprendido isso, que deve ser o resultado final.

Graça para viver e graça para se erguer

Se fiz a minha parte ajudando-o a aprender a receber a graça de Deus, então ambos deveríamos ver um resultado prático e positivo em nossa vida. O resultado é que ficamos mais e mais e mais santos.

Graça não é apenas uma desculpa para ficar como estamos, dizendo que não temos de fazer nada por nós mesmos e por nossa vida, porque não estamos debaixo da lei, mas debaixo da graça. Esse é o erro que os crentes estavam cometendo. Foi por isso que Paulo precisou repreendê-los e corrigir seu modo de pensar.

Sim, a graça de Deus nos guardará da condenação, muito embora pequemos. A graça de Deus manterá nosso nome escrito no Livro da Vida do Cordeiro, apesar de não sermos perfeitos. A graça de Deus nos salvará e nos declarará justos à sua vista, nos assegurará suas bênçãos e um lar nos céus, nos levará através desta vida e nos dará paz de mente e de coração e muitas, muitas outras coisas maravilhosas. Mas a graça de Deus faz mais do que isso tudo: ela também nos ensina a viver como Deus deseja que vivamos — que é em santidade.

A graça de Deus nos é dada para fazer mais do que nos dar poder para viver; ela nos é dada também para nos erguer do pecado.

É perigoso ver apenas um lado de uma moeda, porque isso conduz a uma perspectiva desequilibrada. É por isso que alguns ministérios não pregam sobre a graça, porque têm medo de que as pessoas a usem como desculpa para pecar, para permanecer como estão e para levar vidas descuidadas e indisciplinadas.

Mas eu tenho uma perspectiva diferente sobre a graça. Acredito que se ninguém pregar e ensinar sobre a graça, então, os crentes jamais poderão receber o poder de que precisam para se erguer dos seus pecados e superar seus problemas. Estou convencida de que a maioria dos cristãos não está buscando uma desculpa para pecar, mas poder para viver vida santa. Se lhes puder ser mostrado como fazer isso, então eles cooperarão de todo o coração.

É por isso que amo pregar e ensinar sobre o ministério do Espírito Santo que nos é dado para nos ajudar a entender e a viver pela maravilhosa graça de Deus.

O Espírito Santo: revelador da verdade e capacitador do crente

Tendo purificado as vossas almas, pela vossa obediência à verdade [através do Espírito Santo], tendo em vista o amor fraternal não fingido, [estai atentos e] amai-vos, de coração, uns aos outros ardentemente.

1 Pedro 1.22

De acordo com esse texto, como obedecemos à verdade?

Por meio do Espírito Santo.

Como obedecemos ao que o Espírito Santo, o Espírito da Verdade nos mostra?

Por meio do seu poder.

Como temos visto, parte do trabalho do Espírito Santo é nos revelar a verdade: *quando vier, porém, o Espírito da verdade [o Espírito que dá a verdade], ele vos guiará a toda a verdade [completa, inteira]; porque não falará por si mesmo, mas dirá tudo o que tiver ouvido e vos anunciará as coisas que hão de vir.* (João 16.13.)

O Espírito Santo é o que nos revela a Palavra de Deus, convencendo-nos do que estamos fazendo de errado e nos mostrando o que deveríamos estar fazendo de correto. Isso é parte do processo de santificação. E, uma vez que ele nos mostra o que deveríamos parar de fazer e o que deveríamos começar a fazer, então precisamos devolver-lhe essa palavra e depender dele para nos dar poder para realizá-la.

Se eu não soubesse sobre o poder do Espírito Santo para me ajudar a pôr em prática o que me revelou para fazer e não fazer, eu seria derrotada. Vejo as ordens, como a que lemos em 1 Pedro 1.14-16, sobre não se moldar às paixões que nos governavam quando éramos ignorantes e não conhecíamos as exigências do Evangelho, e sobre ser santo como Deus é santo, e percebo minha inabilidade para fazer tudo aquilo sem ajuda.

Uma mensagem sobre santidade sem uma mensagem sobre capacitação simplesmente produz pressão, porque faz com que as pessoas saiam e comecem a tentar viver uma vida santa sem saber como fazer o que sabem que deveriam estar fazendo.

A chave para o processo de santificação é saber qual é a parte de Deus e qual é a nossa. Esse conhecimento nos é revelado pelo Espírito Santo que habita em nós, o Espírito da Verdade, se estivermos desejosos de ouvir e aprender.

A Santidade exige um equilíbrio entre descanso e esforço

> Rogo-vos, pois, irmãos, [e imploro, por causa das] pelas misericórdias de Deus, que apresenteis [que façais uma dedicação definitiva] o vosso corpo [apresentando todos os vossos membros e faculdades] por sacrifício vivo, santo [devotado e consagrado] e agradável a Deus, que é o vosso culto racional [sensato, inteligente e adoração espiritual].
>
> Romanos 12.1

Sabe o que Paulo está nos dizendo nesse verso? Ele está dizendo que devemos dedicar a Deus tudo de nós – não apenas nossas posses, nosso dinheiro, nosso tempo e energia e esforços –, mas também nosso corpo, nossa cabeça, nossa mão e nossa língua – até mesmo nossas mentes e nossas emoções, nossas atitudes.

Se realmente queremos ir ao extremo da santidade, então até mesmo nossas feições faciais deveriam estar agradando a Deus. Isso significa que, ao sermos chamados a fazer para ele alguma coisa em particular que não queremos fazer, não apenas não devemos murmurar e nos queixar, nem mesmo devemos fazer cara feia. Se queremos que a luz da face de Deus brilhe sobre nós, então teremos de deixar a nossa face irradiar sua glória e louvor.

Devemos dedicar todos os nossos membros e faculdades a Deus como sacrifício vivo, santo, contrito, sagrado (santificado) e agradável a Deus, que é nosso culto sensato, racional, inteligente e nossa adoração espiritual.

Freqüentemente, temos a impressão que devemos servir e adorar a Deus totalmente com nosso corpo e com nosso espírito, mas aqui Paulo diz que devemos servi-lo e adorá-lo com nossa mente também. Não devemos ser apenas física e emocionalmente dedicados ao Senhor; devemos ser também racional e intelectualmente dedicados a ele.

Isso é parte do equilíbrio que vem quando dedicamos cada membro do nosso corpo – tanto a nossa cabeça como nosso coração – a Deus e a seu serviço.

A graça de Deus não cai simplesmente sobre nós, devemos optar por ela. Devemos fazer uma escolha racional e consciente para seguir a santificação. A parte de Deus é nos dar sua graça e Espírito; nossa parte é dar-lhe nossa mente e nossa vontade.

Se nos tornamos muito ativos ou muito passivos, então temos um problema. Há um delicado equilíbrio a ser mantido entre descanso e esforço, da mesma maneira que há entre lançar nossos cuidados sobre Deus e lançar nossa responsabilidade sobre ele. Há um equilíbrio real envolvido em distinguir entre descansar no Senhor e ser passivo a respeito das coisas de Deus.

Em quase toda doutrina bíblica, a razão pela qual as pessoas se tornam confusas e experimentam derrota e frustração é porque elas perdem o equilíbrio de alguma forma. Algumas pessoas são como um pêndulo. Elas balançam completamente para um lado. Então, quando vêem que estão fora do prumo, balançam inteiramente para o lado oposto, o que é, da mesma maneira, ruim. Elas jamais parecem ser capazes de encontrar a linha central entre quaisquer dois extremos. Quando o Espírito lhes revela que elas estão tentando fazer tudo por elas mesmas sem depender o suficiente dele, elas reagem completamente fora da proporção. Elas variam entre ser totalmente independentes e ser totalmente dependentes. Elas desistem inteiramente de fazer qualquer coisa por elas mesmas, achando que Deus vai fazer tudo por elas sem qualquer tipo de esforço da parte delas. Onde elas costumavam pensar "Tenho de fazer tudo", agora a atitude delas é: "Se Deus quer que seja feito, ele cuidará disso". Deus quer que lancemos nossos cuidados, mas não nossas responsabilidades.

"Estou lançando meu cuidado sobre o Senhor" é uma boa confissão, se for respaldada por oração e fé, que é nossa responsabilidade, e não de Deus.

Se eu e você quisermos permanecer em equilíbrio, então teremos de estar em íntima comunhão com o Espírito da Verdade. Verdadeira santidade é um esforço combinado entre nós e o Espírito Santo. Isso requer clara compreensão da parte dele e da nossa e um equilíbrio delicado entre ambas. Muitos crentes mantêm os cuidados e lançam as responsabilidades. Isso está errado! Lance seu cuidado e entre no descanso de Deus, mas esteja sempre pronto a cumprir suas responsabilidades, capacitado pelo Espírito de graça.

A natureza da santidade

Assim diz o SENHOR dos Exércitos: Pergunta, agora, aos sacerdotes, a respeito da lei:

Se alguém leva carne santa [porque foi oferecida em sacrifício a Deus], na orla da sua veste e ela vier a no pão, ou no cozinhado, ou no vinho, ou no azei-

te, ou em qualquer outro mantimento, ficará isto santificado [dedicado exclusivamente ao serviço de Deus]? Responderam os sacerdotes: Não [santidade não é contagiante].

Então, perguntou Ageu: Se alguém, que se tinha tornado [cerimonialmente] impuro pelo contato com um corpo morto, tocar nalguma destas coisas, ficará ela [cerimonialmente] imunda? Responderam os sacerdotes: Ficará imunda [a pecaminosidade é contagiante].

Ageu 2.11-13.

Definimos *santidade* como "separação para Deus", uma separação que deveria resultar em "conduta condizente com àqueles assim separados."[2] No Novo Testamento, a palavra grega *santidade* significa também *santificação*, que o dicionário grego traduz como: "não pode ser transferido ou atribuído."[3] Isso significa que santidade é uma posse individual, construída pouco a pouco. Não pode ser dada a outra pessoa ou tomada dela.

Em outras palavras, não podemos nos tornar santos seguindo uma linha de oração ou mediante a imposição de mãos ou por associação a alguém que é santo.

Como observamos nessa passagem do profeta Oséias no Velho Testamento, o pecado é contagiante, a santidade, não. O que quer dizer que se nos associarmos a alguém que está levando uma vida de pecado, poderemos ser contaminados pelo pecado. Podemos pegá-lo como se pega uma doença. Mas a santidade não é assim. Não pode ser contraída por contacto ou exposição; precisa ser escolhida de propósito.

---

[2] VINE, W.E. *Dicionário expositivo Vine das palavras do Novo Testamento*, p. 225.
[3] *Ibidem*, v. 3: Lo-Ser, p. 317.

A santidade é individual

[Ora], acolhei [à sua comunhão] ao que é débil na fé, não, porém, para discutir opiniões [ou julgar seus escrúpulos, ou deixá-lo perplexo com discussões].

Porque um crê [a fé de um homem lhe permite crer] que de tudo se pode comer, e [enquanto que o] outro, que é fraco, [fica limitado e] come legumes.

O que come não despreze [menospreze] o que não come; e o que não come não julgue [e critique] o que come; porque Deus o recebeu [e aceitou] por seu.

Quem és tu que julgas [e censuras] o servo alheio?

Para seu próprio senhor ele está em pé ou cai; mas estará [de pé e] firme, porque poderoso é Deus [o Senhor] para o firmar [e fazê-lo ficar de pé].

Romanos 14.1-4

Além do problema de se ter um entendimento errôneo de pecado e de graça, as pessoas também deixam de viver uma vida santa porque tentam viver de acordo com as convicções de outra pessoa sobre santidade.

Como temos visto, a santidade é um problema individual. Naturalmente, há algumas coisas que sabemos serem erradas para nós. Se você não estiver certo de quais são essas coisas, leia sua Bíblia e rapidamente as descobrirá. Mas há muitas outras coisas sobre as quais Deus trabalha conosco pessoal e individualmente. Há até mesmo algumas sobre as quais ele trabalha de maneiras diferentes, em diferentes momentos da nossa vida.

Um dos piores erros que podemos cometer é tentar fazer o que outros estão fazendo ou nos dizendo para fazer apenas porque acreditam ser esse o desejo de Deus para eles.

Outro erro que cometemos é muito similar a esse. Nós também tentamos fazer com que os outros façam o que estamos fazendo apenas porque Deus nos convenceu de que é sua vontade para nós. Esses são, ambos, grandes, grandes erros.

Devo admitir que tenho uma grande fraqueza nessa área – não tanto em deixar que outros me influenciem a fazer o que estão fazendo, mas em tentar conseguir que outros façam o que acredito que deveriam fazer.

Como mencionei antes, passei muitos anos frustrantes, tentando mudar a mim mesma. Finalmente, aprendi a receber a graça (poder) de Deus para me mudar. Precisei aprender a mesma lição sobre os outros. Tentei mudar Dave e meus filhos. Achava que sabia o que era correto de acordo com a Palavra e gastei muito tempo tentando convencê-los das mudanças que sentia serem necessárias na personalidade, nas ações e nas escolhas deles.

Minhas "obras da carne" apenas tornaram o problema pior. O fato de não aceitá-los como eram machucou nosso relacionamento pessoal, e eles se sentiram rejeitados e criticados. Apenas Deus pode mudar um coração humano. Podemos colocar leis e regras para as pessoas, mas isso as afasta de nós. Quando aprendemos a esperar em Deus, ele muda todos nós, e nossa mudança de comportamento vem de um coração de "querer" – não de "dever".

Como professora, tenho certa habilidade para persuadir pessoas. Esse é um dom de ensino que flui de mim. Tenho uma unção de Deus para tomar sua Palavra e convencer os outros de que deveriam aceitá-la e aplicá-la à vida deles. Mas essa é uma área em que devo ser muito, muito cuidadosa. Devo ser cautelosa em não ir longe demais e começar a impor minhas idéias e opiniões pessoais aos outros.

Logo no início do meu ministério, eu era bem ruim nisso. Eu tentava forçar minhas crenças pela goela de todo mundo. Cada vez que tinha sucesso em qualquer coisa, tentava fazer com que todos experimentassem o mesmo sucesso pressionando-os a fazer exatamente o que eu estava fazendo. Uma pequena vitória em minha vida, e eu já estava lá, dando lições de vitória! Tenha cuidado com esse tipo de coisa. Fique em guarda tanto contra deixar que as pessoas imponham as convicções delas a você, como impor suas convicções aos outros. A Bíblia diz que devemos ser conduzidos pelo Espírito Santo, e o Espírito Santo é dado a cada um de nós com esse mesmíssimo propósito.

O problema é que muitos crentes não podem se limitar, ou não se limitarão, em ouvir e seguir o Espírito Santo – e, então, permitir a outros o mesmo direito e privilégio. Eles pensam que todo mundo no Corpo de Cristo tem de estar fazendo a mesma coisa, da mesma maneira, ao mesmo tempo e pela mesma razão. Para elas, qualquer um que não se enquadra ao padrão está erradíssimo e fora da vontade de Deus. Ao adotar essa atitude, eles caem na armadilha sobre a qual Paulo nos adverte, aqui, de julgar o servo de outrem.

Nosso problema é que estamos constantemente tentando endireitar todo mundo, ao invés de colocar nossa própria casa em ordem. Custou-me quase meio século para descobrir esta verdade: precisamos cuidar da nossa própria vida!

Santidade é um assunto individual. Deus lida com cada um de nós de sua própria maneira e em seu próprio tempo. Estamos todos em diferentes estágios de santificação, que é um processo realizado pelo Espírito Santo, de forma singular em cada crente individualmente. Teremos nosso progresso retardado se nos tornarmos mais envolvidos com o processo de santificação de alguém do que com o nosso. Devemos ter cuidado para não ficarmos tão preocupados com o que os outros estão fazendo e deixamos de ouvir a voz do Espírito Santo que está trabalhando em nós, a respeito da nossa própria vida. Devemos aprender a cuidar dos nossos próprios assuntos e deixar o criticismo e o julgamento dos outros para Deus.

Não julgue

Tu, porém, por que [criticas e] julgas teu irmão? E tu, por que desprezas [e desdenhas] o teu? Pois todos compareceremos perante o tribunal de Deus.

Como está escrito: Por minha vida, diz o Senhor, diante de mim se dobrará todo joelho, e toda língua dará louvores a Deus [reconhecendo-o para sua honra e louvor].

Assim, pois, cada um de nós dará contas de si [responderá em relação ao julgamento] mesmo a Deus.

[Então] não nos julguemos [e critiquemos e culpemos] mais uns aos outros; pelo contrário, [decidi e] tomai o propósito de não pordes tropeço ou escândalo [ou obstáculo] ao vosso irmão.

Romanos 14.10-13

Quando eu estiver diante do trono de julgamento de Deus, ele não vai me perguntar sobre você, da mesma maneira que ele não vai lhe perguntar sobre mim quando você estiver diante dele. Deus não vai me considerar responsável por outra pessoa na Terra que não seja Joyce Meyer.

Não sei quanto tempo tenho para trabalhar com Deus para me consertar, mas, com certeza, quero ser capaz de responder às perguntas que ele me fizer sobre mim. Se eu chegar diante dele e ele disser "Joyce, por que você não prestou atenção em mim quando eu estava tratando você a respeito dos seus erros"? – não quero ter de responder: "Bem, Senhor. Eu não tive tempo porque eu estava muito ocupada trabalhando para conseguir endireitar meu marido Dave".

De acordo com essa passagem, cada um de nós vai prestar contas de si próprio a Deus, o Pai. É por isso que precisamos aprender a trabalhar em nossa própria santificação e parar de colocar impedimentos, obstáculos e barreiras no caminho de nossos irmãos e irmãs em Cristo. Jamais creremos exatamente igual a respeito de tudo; é por isso que a palavra diz que devemos seguir nossas próprias convicções e deixar todos os demais seguirem as deles.

Mantenha-a para você!

Tens tu fé [convicções pessoais em tais assuntos]? Tem na [exercite-a] em ti mesmo [esforçando-te apenas para saber a verdade e obedecer à sua vontade] diante de Deus. Bem-aventurado [feliz, invejável] aquele que não se condena a si mesmo naquilo que aprova [que não se culpa por aquilo que escolheu fazer].

Mas aquele que tem dúvidas [apreensão, peso na consciência sobre comer], se come [talvez por causa de você], está condenado [diante de Deus], porque não come por fé [não é fiel às suas convicções]; e tudo o que não é de fé [não se origina, procede] é pecado [tudo que é feito sem a certeza da aprovação de Deus é pecaminoso].

Romanos 14.22-23

Isso não poderia ser colocado mais claro do que: *Mantenha suas convicções pessoais* (neste caso, suas idéias e opiniões baseadas no que Deus lhe disse para fazer em uma situação específica) *para você mesmo*. *Não saia por aí tentando impô-las a todo o resto*.

Muito freqüentemente, parece termos esta idéia: "Deus me disse para não beber cafeína, então agora o mundo inteiro tem de parar de beber cafeína! O Senhor me disse para não usar açúcar, então é meu trabalho informar todo mundo na Terra que é a vontade de Deus que eles parem de usar açúcar"!

Eu tinha essa atitude. Cada vez que eu tinha uma nova compreensão do Senhor, imediatamente subia num caixote e começava a transmiti-la ao mundo inteiro. Se eu estava tomando certa vitamina, então todo mundo tinha de tomá-la. Porque se foi o que Deus me disse para fazer, então deveria ser o que ele tinha ordenado fazerem também.

Isso é o que quero dizer quando falo sobre tentar forçar nossas convicções goela abaixo de todo mundo. Isso *não* é nosso trabalho.

Algumas vezes, tentamos desculpar ou justificar nossas ações dizendo: "Bem, eu só estava tentando ajudar". Precisamos nos lembrar de que o Espírito Santo é o Ajudador, não, nós.

Em minha própria vida e ministério, sempre que tenho um impulso de ajudar alguém, refreio-me e oro: "Senhor, é esse teu desejo, ou sou apenas eu querendo fazer a minha vontade"? Se eu esperar um pouco, ficará claro em minha mente e coração se o que estou a ponto de fazer é idéia de Deus ou minha.

Bem, não estou dizendo que jamais deveríamos dizer nada a ninguém ou que jamais deveríamos oferecer ajuda àqueles em necessidade. Estou simplesmente dizendo que temos de estar certos de nossa verdadeira motivação. É realmente para glorificar a Deus e levantar os outros, ou simplesmente para exaltar a nós mesmos transformando-os à nossa imagem e semelhança? Estamos realmente tentando ajudá-los ou estamos apenas sendo "mandões"? É orgulho carnal ou a graça de Deus que está operando?

Em Romanos 12.3, Paulo disse: ... *pela graça que me foi dada [favor imerecido de Deus], digo a cada um dentre vós que não julgue e pense de si mesmo além do que convém [para não ter uma opinião exagerada de sua própria importância]*... Paulo estava alertando os romanos ou, melhor dizendo, corrigindo-os, mas ele foi humilde o suficiente para saber que tinha de fazer isso pela graça de Deus, não por zelo carnal.

O verso 23 de Romanos 14 nos diz que a pessoa que faz alguma coisa por causa de sua consciência (talvez por nossa causa!) é condenada diante de Deus. Por quê? Porque ela não está agindo em fé, não está sendo fiel às suas convicções pessoais. E tudo que não provém da fé é pecado. Ou seja, qualquer coisa que é feita sem convicção interior, pessoal, da aprovação de Deus é pecaminosa.

Esta é mais uma razão por que devemos estar constantemente em guarda para não tentar impor nossas convicções a alguém. Ao invés de levá-lo à fé, poderemos estar fazendo exatamente o oposto; poderemos estar fazendo com que esse alguém peque, porque ele está tentando agir de acordo com nossas convicções pessoais, e não conforme suas próprias convicções aprovadas por Deus.

Santificação como um processo

> E todos nós, com o rosto desvendado [porque nós, continuamos] contemplando [na Palavra de Deus], como por espelho, a glória do Senhor, somos [constantemente] transformados, [em crescente esplendor], de glória em glória [porque isso vem do Senhor], na sua própria imagem, como pelo Senhor, [que é] o Espírito.
>
> **2 Coríntios 3.18**

Aqui o apóstolo Paulo diz que, à medida que nos tornamos familiarizados com a Palavra de Deus, somos transformados à sua imagem, indo de glória em glória. Isso significa que ainda não atingimos o estado de completa santidade. Estamos mais gloriosos do que quando começamos, e vamos ficando mais e mais gloriosos enquanto continuarmos a nos mover para a frente, em direção à santidade, passo a passo, mas ainda temos um caminho a trilhar. Legal e posicionalmente somos santos em Cristo. Mas experimentalmente, a santidade está sendo manifestada por nosso intermédio em graus de glória que são progressivos.

Isso é o que temos chamado de processo de santificação. Parte desse processo de santificação é "a separação do crente do mundo." Precisamos refletir nessa declaração de vez em quando. Como crente, temos de estar no mundo, mas não ser do mundo.

Embora devamos perseguir a santidade "séria e constantemente", embora devamos desejá-la completamente e cooperar com ela, santidade "ou separação não é uma conquista; é o estado para o qual Deus, por graça, chama os pecadores".

Em Deuteronômio 7.22, Deus disse aos filhos de Israel que ele os livraria de seus inimigos "aos poucos". Da mesma maneira, não somos libertos de nossos pecados instantaneamente e sem esforço, sem passarmos por um processo.

Queremos passar de uma vida de pecado para uma vida de santidade de uma vez. Mas Deus diz que devemos ir passo a passo. Cada passo para a santidade tem de ser feito pelo caminho da graça que, neste caso, é o poder de Deus para dar o próximo passo. Se tentarmos ir adiante por nosso próprio esforço, sem depender da graça de Deus, falharemos, porque sem a graça nos tornaremos frustrados e apostataremos.

Santificação como semente

> Assim, pois, amados meus, como sempre obedecestes [às minhas sugestões], não só [com o entusiasmo mostrado] na minha presença, porém, muito

mais agora, na minha ausência, desenvolvei [cultivai, continuai para o objetivo e completai inteiramente] a vossa salvação com temor e tremor [autocrítica, séria cautela, brandura de consciência, vigilância contra a tentação, retrocedendo timidamente de tudo quanto possa ofender a Deus e desacreditar o nome de Cristo].

Filipenses 2.12

Em *The Amplified Bible*,[4] esse verso é bastante longo e complicado, mas sua mensagem básica é estabelecer clara e simplesmente a última parte da *King James Version*:[5] *... desenvolvei a vossa salvação com temor e tremor.*

Visto que Jesus é a Semente a que se refere Gálatas 3.16, quando ele veio morar em nós na forma do Espírito Santo dado a nós por Deus o Pai, recebemos uma semente de santidade. Quando Paulo nos diz para operar nossa salvação com temor e tremor, ele quer dizer que devemos cooperar inteiramente com Deus, cultivando essa semente de santidade que tem sido semeada em nós.

A semente de santidade deve ser regada com a Palavra de Deus. (1 Coríntios 3.6.) Sabemos que quando uma semente é regada ela começa a crescer. Quando regamos a semente de santidade em nós com a água da Palavra (Efésios 5.26), ela começa a crescer dentro de nós para lançar seus ramos a todas as partes do nosso ser. Finalmente, ela atinge nossa mente e afeta nossos pensamentos. Alcança nosso coração e afeta o que nossa boca fala. (Mateus 12.34.) Ela

---

[4] *The amplified bible* [A bíblia amplificada], ainda não traduzida para o português. (Nota da tradutora)
[5] *King James version*. Uma das versões mais comuns em língua inglesa. (Nota da tradutora).

atinge nosso corpo e afeta nossas expressões faciais, nossas ações, nosso comportamento em relação às outras pessoas. Torna-se como uma árvore ou uma videira que cresce tão profusamente que enche cada parte de todo nosso ser de maneira que não há nenhum lugar em nós para qualquer coisa que não seja a santidade de Deus.

Isso é também o que se quer dizer com processo de santificação ou crescer na graça e conhecimento de nosso Senhor Jesus Cristo, tornando-se como ele em todos os aspectos. (2 Pedro 3.18.) Não fique desanimado se você não chegou ao seu destino – se você não atingiu seu objetivo. Continue em frente, mesmo que seu progresso seja apenas de polegada em polegada – ainda assim é progresso. Você ainda está no processo, bem como todos os demais.

A santificação é um trabalho

> [Não na vossa força] porque Deus é quem efetua em vós [energizando e criando em vós o poder e o desejo] tanto o querer como o realizar, segundo a sua boa vontade.
>
> **Filipenses 2.13**

Como é esse processo de santificação levado a efeito?

Como é atingido o crescimento na graça? Não na nossa força, mas pelo poder do Espírito Santo que opera em nós para criar ambos o querer e a habilidade para fazer o que agrada ao Pai.

Você percebe que todo o tempo em que esteve lendo este livro o Espírito Santo esteve trabalhando em você, gerando uma mudança em você, levando-o a escolher fazer a vontade de Deus? O Senhor não leu este livro por você – esta era sua parte –, mas ele realmente trabalhou no seu interior para levar você a lê-lo – essa era a parte dele.

Então, aqui está como o processo de santificação funciona. Eu e você recebemos o presente do Espírito Santo de Deus que vem habitar em nós. Então nos submetemos a ele, ele trabalha em nós, levando-nos a querer fazer a vontade de Deus e suprindo-nos de força e poder para fazer essa vontade.

Então, em vez de dizermos que estamos trabalhando para agradar a Deus, é mais acertado dizer que Deus está trabalhando em nós para fazer com que queiramos fazer o que lhe agrada. Quando nos submetemos e cooperamos com ele, nos tornamos mais e mais santos, mais e mais separados em nossa experiência prática.

A palavra e o Espírito

Portanto, despojando-vos de toda impureza e acúmulo de maldade, acolhei [e daí as boas vindas], com mansidão [gentileza, modéstia], a palavra em vós implantada [em vossos corações tem o poder], a qual é poderosa para salvar a vossa alma.

Tornai-vos, pois, praticantes [obedecei à mensagem] da palavra e não somente ouvintes, enganando-vos [em engano, raciocinando contrariamente à Verdade] a vós mesmos.

Tiago 1.21-22

A santificação é a santidade levada a efeito. Tornamo-nos santificados quando todos os passos para a santidade são tomados, quando todo o processo é completado. O Espírito Santo é um agente desse processo de santificação, mas há outro agente: a Palavra.

Isso significa que ouvimos a Palavra de Deus e, então, o Espírito de Deus toma essa Palavra e a exercita em nós. Não é nossa a função de exercitar a Palavra. Nosso trabalho é ouvir e praticar a Palavra – pelo poder do Espírito que está operando em nós. Entretanto, não somos nós, mas o Espírito, que faz com que a Palavra opere.

Por muito tempo temos sido ensinados: "Ouça a Palavra, ouça a Palavra, ouça a Palavra". Temos ouvido a Palavra até ficarmos empanturrados com ela. Isso é maravilhoso. Agradeço a Deus por isso. Entretanto, a despeito de ouvir tanto a Palavra, ainda não estamos transformados como deveríamos. Creio que a razão é porque há uma parte que falta – o Espírito.

Não devemos apenas ouvir a Palavra, mas também nos rendermos ao Espírito Santo que tem sido dado para nos capacitar a praticar a Palavra.

Apenas ouvir a Palavra de Deus e fazer um esforço honesto para aplicá-la à nossa vida não significa que merecemos que Deus faça qualquer coisa por nós. Merecemos apenas morrer e ir para o inferno. Porque aos olhos de Deus toda a nossa justiça é como trapos de imundície comparada à justiça dele. (Isaías 64.6.)

Precisamos receber e acolher a Palavra de Deus com humildade, porque somente ela tem o poder de salvar nossa alma. Devemos ir a Deus em atitude de humildade, dizendo-lhe: "Pai, sou tão grato por esta oportunidade de ouvir a tua Palavra. Toma e opera esta Palavra em mim e por meu intermédio. Espírito Santo, faze teu trabalho de santificação para que eu possa me tornar tudo o que queres que eu seja".

Durante o dia todo, devemos ter a nossa mente focada no Espírito Santo. A cada oportunidade possível, volte seus pensamentos para a presença e para o poder do Espírito, orando: "Espírito Santo, ajuda-me. Ensina-me. Instrui-me. Capacita-me. Limpa-me. Santifica-me. Estou confiando inteiramente em ti porque tu sabes que não posso fazer isso sozinho. Sem ti, não sou nada, não posso fazer nada, não mereço nada. Obrigado por habitar em mim e fazer a obra em mim e através de mim, para a glória de Deus Pai".

Aproxime-se de Deus em fé e ações de graças, dependendo inteiramente dele e confiando totalmente nele, permitindo à sua Palavra e ao Espírito Santo levá-lo, pelo processo de santificação, à pureza e à santidade. Esse é o único modo de alcançá-las, a única maneira de ser verdadeiramente refinado e purificado.

O Espírito Santo como fogo refinador e sabão das lavadeiras

Eis que eu envio o meu anjo, que preparará o caminho diante de mim; de repente virá ao seu templo o Senhor [o Messias], a quem vós buscais, o [Mensageiro] Anjo da Aliança, a quem vós desejais; eis que ele vem, diz o SENHOR dos Exércitos.

Mas quem poderá suportar o dia da sua vinda? E quem poderá subsistir, quando ele aparecer? Porque ele é como o fogo do ourives e como potassa dos lavandeiros.

E assentar-se-á, como derretedor e purificador da prata; purificará os filhos de Levi e os refinará como ouro e como prata; eles trarão ao Senhor justas ofertas.

Malaquias 3.1-3

Aqui lemos uma antiga profecia sobre Jesus, o Messias, como um fogo refinador e sabão das lavadeiras. Mais tarde, no Novo Testamento, lemos sobre o Espírito Santo ser como o fogo. João Batista disse às pessoas do seu tempo: *E eu, em verdade, vos batizo com água, para o arrependimento; mas aquele que vem após mim vos batizará com o Espírito Santo e* **com** *fogo.* (Mateus 3.11.)

Temos ouvido muito sobre o Espírito Santo ser como fogo, mas não ouvimos muito sobre ele ser como o sabão das lavadeiras.

O Espírito e a palavra: o sabão e a água

Mas eu vos digo a verdade: convém-vos [é bom, oportuno, vantajoso] que eu vá, porque, se eu não for, o Consolador [Conselheiro, Ajudador, Advogado, Intercessor, Fortalecedor, Companheiro] não virá para vós outros [em íntima comunhão]; se, porém, eu for, eu volo enviarei [para estar em íntima comunhão convosco].

Quando ele vier, convencerá o mundo [e fará demonstração] do pecado, da justiça [retidão de coração e direito de estar com Deus] e do juízo.

João 16.7-8

Nessa passagem, Jesus fala aos seus discípulos sobre os vários papéis e funções do Espírito Santo, uma das quais á convencer do pecado, da justiça e do juízo. Então, mais tarde, em João 17.17-19, Jesus orou a seu Pai por seus discípulos:

Santifica-os [purifica, consagra, separa-os para ti, torna-os santos] na verdade; a tua palavra é a verdade.

Assim como tu me enviaste ao mundo, também eu os enviei ao mundo.

E por amor a eles e por eles me santifico [dedico, consagro] a mim mesmo, para que também eles sejam santificados [dedicados, consagrados, feitos santos] na verdade.

Temos visto como o Espírito Santo opera em nós, revelando a verdade, convencendo-nos do pecado, da justiça e do juízo, tomando a Palavra e operando-a em nós e por intermédio de nós. Agora, começamos a vê-lo sob outro prisma, como aquele que nos refina, purifica, santifica, lavando nossos pecados.

Em Efésios 5.25-27, lemos estas palavras do apóstolo Paulo à Igreja:

> Vós, maridos, amai vossa mulher, como também Cristo amou a igreja e a si mesmo se entregou por ela.
>
> Para que a santificasse, tendo-a purificado por meio da lavagem de água pela palavra,
>
> Para a apresentar a si mesmo igreja gloriosa, sem mácula, nem ruga, nem coisa semelhante, mas santa e irrepreensível.

Se eu e você pudéssemos olhar para nós mesmos através de um raio-x espiritual, veríamos uma gloriosa luz brilhando em nós e por intermédio de nós. Mas sabe o que veríamos bem no fundo? Veríamos uma porção de pequenos pontos negros. Eles representam as manchas que foram deixadas em nossa alma pelo pecado.

O que pode ser feito para remover essas manchas para que possamos ser totalmente limpos e imaculados?

O que fazemos quando há manchas em nossa roupa? Usamos sabão e água. Nessas passagens vimos que o Espírito Santo é como o sabão das lavadeiras e que a Palavra de Deus é como a água. Aprendemos que somos santificados pelo Espírito e pela Palavra, pela aplicação de água e sabão.

Quando eu e Dave vamos comer fora, adoro pedir espaguete, mas parece que cada vez que como deixo cair tudo na minha roupa. Eu costumava pegar um guardanapo e começar a esfregar, tentando tirar a mancha imediatamente. Então, alguém me disse que quando eu fazia isso estava apenas fixando-a mais e tornando-a mais difícil remover. Ela me disse para deixá-la, acrescentando: "Se esperar até chegar em casa, você pode pegar um sabão comum e água fria, e essas manchas sairão com facilidade". Mas, como sou do tipo de pessoa que gosta de cuidar de tudo imediatamente, é sempre difícil para eu esperar e fazer o que é certo.

É assim que eu e você somos com relação às coisas de Deus. Tentamos remover as manchas de pecado da nossa alma confiando em nosso próprio esforço, ao invés de sermos pacientes e permitirmos que o Senhor as remova com água e sabão – pelo seu Espírito e pela sua Palavra.

Mas o que fazer se as manchas estão tão impregnadas que uma só aplicação de água e sabão não parece ser suficiente? Colocamos mais sabão e as deixamos de molho durante a noite. Dissemos que o sabão representa o Espírito Santo, o Espírito da graça, que definimos como o poder de Deus vindo à nossa vida para realizar o que não podemos pelo nosso próprio esforço.

Como removemos manchas rebeldes deixadas pelo pecado? Aplicamos graça, graça e mais graça. Sem esfregar, sem esforço, o que precisamos é de mais poder. Se uma aplicação da graça não for suficiente, então precisamos aplicar mais, dando-lhe tempo para trabalhar radicalmente sobre a mancha, saturando-a completamente. Então, quando a água da Palavra é aplicada, a mancha estará tão despregada que sairá imediatamente.

Temos à nossa disposição o sabão do Espírito e a água da Palavra. Com eles, deveríamos ser capazes de presenciar a limpeza de todas as sujeiras da nossa vida.

Graça para todos os nossos pecados

> E depois de haverdes padecido um pouco, o Deus de toda a graça [que concede toda bênção e favor], que em Cristo Jesus vos chamou à sua [própria] eterna glória, ele mesmo vos aperfeiçoará, confirmará, fortificará e fortalecerá.

A ele seja a glória e o domínio [poder, autoridade, governo], para todo o sempre. Amém [Assim seja]!

1 Pedro 5.10,11

Qual deveria ser nossa resposta ao pecado?

Como cristãos, amamos a Deus, então não queremos pecar. Mas parece que não importa o quanto tentamos não pecar, por fim acabamos carentes da glória de Deus. (Romanos 3.23.) A que tipo de processo você se submete para encontrar paz com Deus e consigo mesmo se você pecou?

Na maioria das vezes, o meu motivo para pecar é porque não espero no Senhor, mas tento resolver tudo sozinha. Em vez de ser paciente e permitir que a graça de Deus trabalhe para o melhor, corro e tento fazer tudo do meu jeito. O resultado é quase sempre desastroso.

O Espírito Santo está tratando comigo sobre meu hábito de saltar a conclusões e julgar as coisas antes da hora. Uma coisa na qual sou particularmente ruim é em ter uma opinião sobre outras pessoas ou suas ações sem esperar que o Senhor me revele qual é, realmente, a verdade.

Também tenho a tendência de falar muito, de expressar minhas opiniões muito rapidamente. Então não é de surpreender que minha boca freqüentemente me arranje problemas. Digo alguma coisa que não deveria dizer e alguém fica zangado comigo. Mesmo assim, em vez de permitir que o Senhor tome conta da situação, entro em um frenesi tentando remover do relacionamento as marcas ou manchas que eu mesma causei pela minha impaciência e impulsividade.

Quando peco, em vez de aplicar uma generosa porção da poderosa graça de Deus, em geral, tento salpicar o problema com um pouquinho de culpa, remorso e condenação. Em vez de confessar meus pecados ao Senhor e receber o perdão imediatamente, acho que preciso "sofrer por um pouco de tempo". Fico me preocupando e me sentindo mal, tentando ajeitar a situação e prometendo ao Senhor que, se ele tão-somente me ajudar a sair da confusão, jamais cometerei o mesmo erro.

Tenho feito isso tantas vezes que pelo menos uma coisa boa resultou disso: tenho recebido muita revelação sobre a graça!

Então, depois de ter feito confusão por todo lado, o que faço – finalmente – é parar e dizer: "Senhor, isto não está me levando a lugar algum. Sentir-me culpada e arrependida não vai mudar o que aconteceu. Tomar decisões e fazer promessas não vai evitar que eu faça tudo isso de novo. Afundar-me em frustração não vai consertar tudo. Eu me rendo e entrego essa situação a ti e peço que tua graça e tua misericórdia me guardem em perfeita paz e me capacitem a andar em teu caminho e teu querer".

Na essência, eu me arrependo. Abro o canal da fé e peço ao Senhor que derrame graça por meio daquele canal. Peço-lhe para me guardar do pecado da presunção, de ficar tirando conclusões e julgando coisas e pessoas antes de ter todos os fatos.

A Palavra de Deus nos diz que recebemos as promessas de Deus por meio de fé e da paciência. (Hebreus 6.12.) Ela nos assegura que se esperarmos no Senhor, confiando-lhe nossa vida inteiramente, ele mesmo nos completará e nos fará ser o que devemos ser, ele nos estabelecerá, aperfeiçoará, nos fortalecerá e confirmará.

Por que, afinal, devemos sofrer? Creio que muitas vezes o sofrimento vem porque ainda não aprendemos a confiar em Deus o bastante para impedir que pequemos. Então, quando realmente caímos em pecado, ficamos infelizes porque sentimos que, mais uma vez, falhamos conosco e com ele. Odiamos o que fizemos e o fato de que não temos habilidade para evitá-lo.

A resposta ao pecado é graça. (Romanos 5.20.) Seja qual for a causa do pecado e do sofrimento, se apenas deixarmos o canal da fé aberto, podemos continuar recebendo a solução de Deus para todas as nossas necessidades – graça, graça e mais graça.

Quando vejo meus erros, mas não posso mudar a mim mesma, experimento um tipo de sofrimento, até que Deus me liberte. Na verdade, é uma coisa positiva, porque, quando a libertação chega (e sempre chega), regozijo-me na graça de Deus.

O esforço da carne não liberta ninguém, mas a graça de Deus jamais falha. Se você tem grandes problemas, lembre-se de que a graça dele é sempre suficiente para vencer cada fraqueza. (2 Coríntios 12.9.)

Deus não nos oferece apenas graça. Ele nos oferece graça, graça e mais graça. Seu suprimento é generoso; não importa quanto o usamos; há sempre muito mais.

Eu o encorajo a entrar em um novo reino em sua caminhada com Deus. Viva na graça dele e não em suas obras. Os resultados serão surpreendentes!

Conclusão

A mensagem da graça tem sido a mais importante mensagem que o Espírito Santo ministrou a mim. Toda minha experiência cristã foi uma luta, antes de eu aprender sobre a graça. Ensinar fé e não ensinar graça às pessoas é, em minha opinião, deixar de fora um importante elo. Às vezes me refiro à graça como "o elo perdido" na caminhada da fé.

Graça é o poder do Espírito Santo disponível para fazermos o que precisa ser feito em nossas vidas, o poder para mudar o que precisa ser mudado. É a habilidade de Deus que vem a nós gratuitamente. A graça é tão gloriosa que eu poderia continuar a falar sobre suas maravilhosas características infindavelmente.

Oro para que você leia este livro várias vezes, ao longo dos anos. Aqueles dentre nós que somos viciados em nossas próprias obras e esforços, geralmente precisamos de várias aplicações da mensagem sobre graça para trazer cura ao nosso enfoque de vida.

Lembre-se, a graça de Deus é exatamente o oposto de obras da carne. Viver pela graça pode exigir uma mudança em seu enfoque de quase tudo. Não se sinta desanimado, isto levará tempo.

Lembre-se sempre de que quando você se sente frustrado é porque entrou em seu próprio esforço e precisa voltar à graça de Deus. A graça o deixa forte e calmo; obras deixam-no fraco e sem poder, frustrado e desvairado.

A graça de Deus é recebida por meio da fé. Fé não é o preço que compra as bênçãos de Deus, mas a mão que as recebe.

Apenas ouvir a palavra graça é confortador para mim. A graça de Deus torna fácil a tarefa que teria sido difícil ou mesmo impossível. Jesus disse que seu fardo é leve e fácil de ser carregado. É o diabo que quer colocar fardos pesados em nossos ombros – o fardo das obras da carne, o fardo da lei e do esforço da carne para mantê-lo. Mas Jesus nos prometeu que nos dará descanso se formos a ele. (Mateus 11.28-30.)

Não fique satisfeito em ter graça apenas para salvá-lo da perdição eterna. Receba não apenas a graça que salva, mas receba graça, graça e mais graça, para que possa viver vitoriosamente e glorificar a Jesus em sua vida diária.

Sobre a Autora

Joyce Meyer é uma das líderes no ensino prático da Bíblia no mundo. Renomada autora de bestsellers pelo *New York Times*, seus livros ajudaram milhões de pessoas a acharem esperança e restauração através de Jesus Cristo.

Através dos *Ministérios Joyce Meyer*, ela ensina sobre centenas de assuntos, é autora de mais de 80 livros e conduz aproximadamente 15 conferências por ano. Até hoje, mais de 12 milhões de seus livros foram distribuídos mundialmente, e em 2007 mais de 3.2 milhões de cópias foram vendidas. Joyce também tem um programa de TV e de radio, *Desfrutando a Vida Diária*®, o qual é transmitido mundialmente para uma audiência potencial de 3 bilhões de pessoas. Acesse seus programas a qualquer hora no site www.joycemeyer.com.br

Tendo sofrido abuso sexual quando criança e a dor de um primeiro casamento emocionalmente abusivo, Joyce descobriu a liberdade de viver vitoriosamente aplicando a Palavra de Deus à sua vida, e deseja ajudar que os outros façam o mesmo. Desde sua batalha com câncer no seio até as lutas da vida diária, ela fala aberta e praticamente sobre sua experiência de modo que outros possam aplicar o que ela aprendeu às suas vidas.

Durante os anos, Deus proveu a Joyce com muitas oportunidades de compartilhar o seu testemunho e a mensagem de mudança de vida do Evangelho. De fato, a revista *Time* a selecionou como uma das mais influentes líderes evangélicas na America. Ela é um incrível testemunho do dinâmico e restaurador trabalho de Jesus Cristo. Ela crê e ensina que, independente do passado da pessoa ou dos erros cometidos no passado, Deus tem um lugar para elas, e pode ajudá-las em seus caminhos para desfrutarem a vida diária.

Joyce tem um merecido PhD em teologia obtido da Universidade Life Christian em Tampa, Florida; um honorário doutorado em divindade da Universidade Oral Roberts University em Tulsa, Oklahoma; e um honorário doutorado em teologia sacra da Universidade Grand Canyon em Phoenix, Arizona. Joyce e seu marido, Dave, são casados há mais de quarenta anos e são pais de quarto filhos adultos. Dave e Joyce Meyer vivem atualmente em St. Louis, Missouri.

Coleção
Campo de Batalha da mente

Vencendo a batalha em sua mente

Campo de Batalha da Mente
Há uma guerra se desenrolando e sua mente é o campo de batalha. Descubra como reconhecer pensamentos prejudiciais e ponha um fim a qualquer influência em sua vida!
(265 páginas - 15 x 23 cm)
Mais de 2 milhões de cópias vendidas

Campo de Batalha da Mente
Guia de Estudos
Um guia prático e dinâmico. Pra você que já leu o Campo de Batalha da Mente, aprenda a desfrutar ainda mais, de uma vida vitoriosa em sua mente, aplicando os fundamentos do Guia de Estudos. - (117 páginas -15,5x23)

Campo de Batalha da Mente
Para Crianças
Recheado de histórias, testes divertidos e perguntas para fazer você pensar, esse livro irá ajudar você a perceber o que está certo e o que está errado, e também para ajudá-lo a observar algumas coisas com as quais você pode estar lutando, como preocupação, raiva, confusão e medo.
(170 páginas - 14x21cm)

Campo de Batalha da Mente
Para Adolescentes
Traz uma conversa franca sobre: pressões dos amigos, expectativas para seu futuro, e a luta pela independência. Com entrevistas com jovens como você, e conselhos diretos, baseados na Bíblia, Joyce dará a munição que você necessita para tornar seu cérebro uma máquina potente, precisa e invencível.
(153 páginas - 14x21cm)

A Revolução do Amor
"Eu adoto a compaixão e abro mão das minhas desculpas. Eu me levanto contra a injustiça e me comprometo a demonstrar em ações simples o amor de Deus. Eu me recuso a não fazer nada. Esta é a minha decisão. EU SOU A REVOLUÇÃO DO AMOR."

Com capítulos escritos pelos convidados Darlene Zschech da Hillsong, Martin Smith do Delirious?, pelos Pastores Paul Scanlon e Tommy Barnett, e por John Maxwell, A REVOLUÇÃO DO AMOR apresenta uma nova maneira de viver que transformará a sua vida e o seu mundo. - (262 páginas - 15x23cm)

Visite: www.bellopublicacoes.com

O Vício de Agradar a Todos

Muitas pessoas em nossos dias têm uma necessidade incontrolável de afirmação, e são incapazes de se sentirem bem consigo mesmas sem ela. Esses "viciados em aprovação" passam todo o tempo em uma luta constante contra a baixa estima e a desordem emocional, o que causa enormes problemas no seu relacionamento com as outras pessoas.

Joyce Meyer oferece um caminho para a libertação da necessidade avassaladora pela aceitação do mundo exterior – uma aceitação que não traz realização, ao contrário, conduz à decepção. - (304 páginas - 15x23cm)

Eu e Minha Boca Grande! - Bestseller!

Sua boca está ocupada falando sobre todos os problemas de sua vida? Parece que sua boca tem vontade própria? Coloque sua língua em um curso de imersão para a vitória. Você pode controlar as palavras que fala e fazê-las trabalhar para você!

Eu e Minha Boca Grande, mostrará a você como treinar sua língua para dizer palavras que o colocarão em um lugar superior nesta vida. Joyce enfatiza que falar a Palavra de Deus deve vir acompanhado de viver uma vida em completa obediência à Bíblia para ver o pleno poder de Deus fluindo em sua vida. - (215 páginas - 15x21cm)

Mais de 600 mil de cópias vendidas

Beleza em Vez de Cinzas

Neste livro Joyce compartilha experiências pessoais como o abuso que sofreu do pai, dificuldades financeiras e como Deus transformou as cinzas que haviam em sua vida em beleza. Receba a beleza de Deus para suas cinzas. (266 páginas - 13,5 x 20 cm)

A Formação de um Líder

Este livro traz elementos indispensáveis para a formação de um líder segundo o coração do próprio Deus. Um líder que recebeu do Senhor um sonho que parecia ser humanamente impossível. - (380 páginas - 15 x 21 cm)

A Raiz da Rejeição

Neste livro Joyce Meyer lhe mostrará que Deus tem poder para libertá-lo de todos os efeitos danosos da rejeição. Nosso Pai providenciou um meio para que nós, como seus filhos, sejamos livres da raiz de rejeição.
(125 páginas - 13 x 20 cm)

Se Não Fosse pela Graça de Deus

Graça é o poder de Deus disponível para satisfazer todas as nossas necessidades. Através deste livro você irá conhecer mais sobre a graça de Deus e como recebê-la através da fé.
(198 páginas - 13,5 x 21 cm)

Visite: www.bellopublicacoes.com

Devocionais
Joyce Meyer

Começando Bem Seu Dia

Devocionais para cada manhã do ano. Palavras inspiradoras, vivas e de simples aplicações para cada novo dia. Adquira o seu, e começe bem seu dia. - (366 páginas - 11 x 15,5 cm)

Terminando Bem Seu Dia

Ricos devocionais para cada noite do ano. Mensagens que irão trazer forças e refrigério a cada final de dia. Adquira-o já, e passe a terminar bem seu dia. - (366 páginas - 11 x 15,5 cm)

A Decisão Mais Importante Que Você Deve Tomar

Mesmo que nosso corpo morra, o nosso espírito continua a viver na eternidade. Se seu espírito vai para o céu ou para o inferno, irá depender somente das escolhas que você faz.
(59 páginas - 12 x 17 cm)

Curando o Coração Ferido

Se você foi ferido no passado ou se sente indigno, pode ser difícil receber o amor incondicional de Deus. Deixe a Palavra de Deus começar a operar em você hoje!
(88 páginas - 12,5 x 17,5 cm)

Paz

A paz deve ser o árbitro em nossa vida. Segue a paz e de certo gozarás vida. Jesus deixou-nos a Sua paz, uma paz especial, a paz que existe até no meio da tempestade.
(56 páginas - 12 x 17 cm)

Diga a Eles que os Amo

Uma grande porcentagem das dificuldades que as pessoas enfrentam tem origem na falta do conhecimento de que Deus as ama pessoalmente. Creia que você é importante para Deus!
(54 páginas - 12 x 17 cm)

Visite: www.bellopublicacoes.com

SÉRIE - CONVERSA FRANCA

Todos os 07 livros da série Conversa Franca de Joyce Meyer

Conversa Franca sobre Depressão
Neste livro podemos descobrir como andar por fé, e não por sentimentos... Como crentes, a alegria não é algo que tentamos produzir, é algo já feito em nós que espera ser liberado!
(118 páginas - 11,5 x 15,5 cm)

Conversa Franca sobre Solidão
Existem momentos na vida em que você pode se sentir sozinho, mas apenas lembre-se que você nunca está sozinho quando Deus está ao seu lado!
(131 páginas - 11,5 x 15,5 cm)

Conversa Franca sobre Preocupação
A preocupação é o oposto da fé. Ela não pode fazer nada para mudar a sua situação. Se você caiu na armadilha mortal de tentar saber com antecedência de tudo a respeito de sua vida, então este livro é para você!
(133 páginas - 11,5 x 15,5 cm)

Conversa Franca sobre Insegurança
Quando perceber que seu valor está em quem Deus diz que você é e não no que você faz, você poderá aprender a lidar com as críticas, e a levar uma vida frutífera e plena!
(183 páginas - 11,5 x 15,5 cm)

Conversa Franca sobre Medo
Não se deixe intimidar e não permita que o medo governe sua vida nem um dia mais sequer! Acabe com o medo e liberte-se hoje!
(100 páginas - 11,5 x 15,5 cm)

Conversa Franca sobre Estresse
Joyce compartilha o valor de aprender a dizer não, assim como viver a vida como um ser humano, ao invés de um fazer humano! Tome o controle sobre o estresse e comece a desfrutar a vida hoje!
(102 páginas - 11,5 x 15,5 cm)

Conversa Franca sobre Desânimo
Se não lidarmos com a decepção imediatamente, daremos ao diabo permissão para nos conduzir pelo caminho do desânimo e finalmente à depressão devastadora.
(132 páginas - 11,5 x 15,5 cm)

Visite: www.bellopublicacoes.com

Liberte-se da escravidão e tome posse de tudo o que é seu pela graça de Deus!

Você pode ter ouvido o termo *graça* definido como "favor imerecido". Embora isso seja verdade, graça é muito mais que isso. É o poder de Deus disponível para satisfazer todas as suas necessidades. Tudo o que você recebe de Deus deve vir pela graça, por meio da fé.

Neste livro, Joyce Meyer, escritora consagrada, explica o poder da graça de Deus e como você pode recebê-la por meio da fé. Joyce ensina a diferença entre ter fé em Deus, o que o conduzirá à paz e ao descanso, e ter fé em suas próprias habilidades, o que o conduzirá à frustração.

Aplicando os princípios delineados neste livro, você aprenderá:

- O que é graça
- O poder da graça
- Como se livrar de preocupações e frustrações
- Como andar em favor sobrenatural
- Como desenvolver uma atitude de gratidão
- Como viver uma vida santa pela graça
- E muito mais!

Assista as mensagens em video de **JOYCE MEYER** em diversos idiomas em TV.JOYCEMEYER.ORG

ISBN 978-85-61721-25-1

Reduza-Me ao Amor

DESVENDANDO O SEGREDO PARA ALEGRIA DURADOURA

JOYCE MEYER

AUTORA BEST-SELLER PELO THE NEW YORK TIMES